Bientôt maman

ISBN 978-2-412-03384-5
Dépôt légal : janvier 2018
Imprimé en Espagne
Mise en page intérieure : Istria
Illustrations de couverture et intérieur : Nathalie Jomard

Éditions First, un département d'Édi8
12, avenue d'Italie
75013 Paris – France
Tél. : 01 44 16 09 00
Fax : 01 44 16 09 01
e-mail : firstinfo@efirst.com
Site internet : www.editionsfirst.fr

Bientôt maman

Olivia Toja

avec le Dr Marie-Claude Guiral, gynécologue

FIRST
ÉDITIONS

Sommaire

Préface

Quel bonheur de voir enfin un petit trait bleu sur le test !

Quelle aventure que ces neuf mois de grossesse...

Émotions, suivi médical, démarches administratives : c'est ce qu'Olivia Toja nous raconte, comme dans un journal intime, mois par mois.

Avec des mots simples, des dialogues humoristiques, et des informations très précises, elle répond aux questions des femmes enceintes, souvent angoissées... Il faut dire qu'aujourd'hui, la grossesse est de plus en plus médicalisée, qu'elle ressemble à une course d'obstacles où chaque examen est une épreuve à réussir, un défi à relever !

Ainsi, ce guide aidera-t-il les futures mamans à parcourir ce chemin parfois difficile, pour arriver au bonheur tant attendu de mettre au monde un enfant dans les meilleures conditions possibles.

Pour nos futures mamans, merci à Olivia !

Dr Marie-Claude Guiral, gynécologue

Introduction

Depuis que l'on sait que vous êtes enceinte, il se produit un phénomène bizarre : tout le monde vous donne son avis !

C'est comme une traînée de poudre, une boule de neige, un raz-de-marée : de votre cousine multipare à votre boulangère déjà grand-mère, de votre collègue césarisée à votre facteur jeune papa, de votre mère déjà gâteuse à votre tante centenaire, chacun à son mot à dire, son conseil à donner, son « gynéco GÉ-NIAL ! » à recommander, sa « clinique peu sûre » à dénoncer ou son remède miracle contre les nausées à indiquer.

Comme si tout le quartier se sentait concerné.

Comme si la France n'attendait que vous pour la repeupler.

Comme si votre ventre était... le centre du monde !

Et si, finalement, ils avaient tous raison ? Votre ventre... c'est bien la chose la plus intéressante qui soit à observer ! C'est là que s'opère cette magie de la vie, cette étincelle géniale, ce prodige mille fois renouvelé... C'est là qu'est en train d'éclore le plus beau des papillons, la plus douce des fleurs de pêcher, le plus merveilleux des petits poussins ! C'est là que tous les jours, vous donnez le meilleur de vous-même pour fabriquer un être au complet, déjà beau, forcément intelligent, bien entendu sage et obéissant... Pourtant, que de questions se posent à vous pendant que vous couvez votre œuf ! Vous avez beau vous renseigner auprès de vos proches, noter consciencieusement ce que vous dit le médecin, lire tout ce qui vous tombe sous la main... vous êtes un peu perdue.

Dans ce guide, vous glanerez des renseignements pratiques, des réponses aux vraies questions (celles que vous n'osez peut-être pas poser) et des informations « techniques » sur le déroulement de votre grossesse. Que vous soyez très « cool », bien dans votre peau ou carrément stressée, vous vous retrouverez sans doute à un moment ou à un autre dans cet ouvrage. Les femmes enceintes sont d'humeur changeante et passent souvent par tous les degrés de l'émotion !

Au fil des pages, vous retrouverez Léna et Pauline, deux amies d'enfance, dans différentes situations... Comme vous, elles sont enceintes.

Léna a 30 ans. Elle travaille en free-lance, est toujours sur la route, et fume comme un pompier pour éviter de se ronger les ongles. C'est sûr, elle reprendra le boulot le plus tôt possible : son objectif, c'est de trouver la perle rare des nounous au plus vite ! Sa grossesse, elle la vit un peu « de loin », comme si cela ne modifiait pas vraiment sa vie. Pourtant, au fil des mois, elle sentira naître pour son bébé un attachement dont elle ne soupçonne même pas l'ampleur. Son compagnon s'appelle Pierre. Au fait... elle attend une fille !

Pauline a 29 ans. Elle a un job tranquille, dans la PME familiale. Elle fait souvent des heures sup', ce qui lui fait louper de nombreux cours de fitness... pourtant, il faudrait qu'elle se remue un peu (ses kilos de l'adolescence sont encore bien présents). Sans doute qu'elle profitera du congé parental pour s'occuper du bébé pendant la première année : elle pressent déjà qu'il lui serait très difficile de se séparer de son enfant. Elle est très centrée sur son nombril (retourné), à la limite... elle n'est plus qu'un ventre ! Son chéri s'appelle Nicolas. Tous les deux seront bientôt les parents d'un petit garçon.

Quiz

Quelle femme enceinte êtes-vous ?

1. Vous avez 15 jours de retard :

A. Vous ne tenez pas vraiment ce genre de comptabilité.

B. Vous voulez en avoir le cœur net et partez acheter un test de grossesse.

C. Vous avez déjà pris rendez-vous chez le gynécologue.

2. Avoir un enfant, c'est :

A. La suite logique d'une histoire d'amour.

B. S'inscrire dans la lignée familiale.

C. Une envie irrésistible.

3. Vous êtes invitée à un cocktail. Au buffet, vous prenez :

A. Des toasts de foie gras, du champagne et deux gâteaux au chocolat.

B. Un peu de tout, pour goûter.

C. Juste un jus d'orange, vous vous méfiez trop de l'hygiène.

4. Pendant la première échographie, vous avez :

A. Trouvé que votre bébé était mignon.

B. Écouté attentivement les commentaires du médecin.

C. Pleuré de joie.

5. Votre copine Margot allume une cigarette devant vous :

A. Vous en profitez pour fumer.

B. Vous lui demandez gentiment si elle peut fumer sur le balcon.

C. Vous la fusillez du regard et lui demandez de l'éteindre.

6. Le futur papa :

A. Vous aide, comme d'habitude.

B. N'en fait pas plus que d'habitude.

C. Assure moins que d'habitude.

7. Enceinte, vous vous trouvez :

A. Belle et même sexy.
B. Épanouie (les autres disent « rayonnante »).
C. Entre l'hippopotame et la baleine bleue.

8. Avec votre gros ventre :

A. Vous continuez à sortir et à faire la fête.
B. Vous essayez de vous ménager, de prendre soin de vous.
C. Vous vivez dans une bulle.

9. Vous imaginez l'accouchement comme :

A. Une expérience enrichissante.
B. Le début d'une belle histoire d'amour.
C. Le plus beau jour de votre vie.

10. Après la naissance, vous envisagez :

A. De reprendre le travail.
B. De prendre un congé parental pour profiter un peu de votre bébé.
C. D'arrêter de travailler (vous ne pourrez jamais vous séparer de Petit-cœur).

Si vous avez une majorité de
Vous êtes plutôt cool

Voilà des millénaires que les femmes portent des bébés… Vous trouvez donc tout naturel de vivre cette expérience ! Pour vous, pas d'angoisse particulière face à cet événement : comme à votre habitude, vous prenez les choses avec sérénité, calme et décontraction. Si vous allez bien, Bébé ira bien aussi ! C'est pourquoi vous continuez à mener votre vie normale, à sortir, à faire quelques excès (vous savez que ces cigarettes sont nocives mais vous ne pouvez vous en défaire). Vous n'êtes pas encore vraiment organisée : vous préférez passer une après-midi au musée en amoureux plutôt que de courir les magasins de puériculture…

Vous êtes épanouie et confiante, bravo ! Prenez tout de même soin de vous : si la grossesse n'est pas une maladie, elle est quand même un état particulier qui demande de prendre quelques précautions. Surveillez un peu votre alimentation, ne faites pas d'effort trop important… En revanche, gardez votre enthousiasme et votre sérénité !

Si vous avez une majorité de
Vous êtes assez sereine

Des bébés, il y en a toujours eu autour de vous (vos frères et sœurs, cousins, neveux et nièces, etc.) : vous connaissez l'art de les endormir, de les changer, de les amuser… Mais maintenant qu'il s'agit de votre propre enfant, c'est une autre histoire ! Réservée, vous êtes partagée entre la joie et l'inquiétude. Forcément, c'est toute votre vie qui va changer… Pourtant, vous avez confiance, en vous et en votre chéri, pour faire face à la situation. Sérieuse et raisonnable, vous suivez tous les conseils de votre médecin : vous vous reposez, vous mangez correctement, vous organisez l'arrivée du petit trésor…

Prendre soin de soi pendant la grossesse est déjà une forme d'amour pour son bébé : vous lui permettez de se développer et de grandir dans les meilleures conditions possibles ! Vous organisez son arrivée, préparez votre avenir... Vous êtes déjà une maman responsable en somme !

Si vous avez une majorité de
Vous êtes vraiment paniquée

Oh là là ! Vous êtes enceinte ! Quelle histoire !

Dans la vie de tous les jours, vous êtes plutôt du genre « panique à bord »... Maintenant, votre devise est « les femmes et les enfants d'abord » ! Angoissée de nature, vous vivez la grande aventure de la grossesse comme une période stressante, pleine d'inquiétude. Vous êtes sur vos gardes, craignez les microbes, regardez de travers ceux qui veulent vous toucher le ventre, chassez les chats, maudissez les fumeurs... Vous êtes complètement obnubilée par votre ventre ! Vous ne pensez plus qu'à ça, vous dévorez tous les livres de puériculture, harcelez vos copines de questions... au point d'en oublier un peu votre homme qui, lui, perd tous ses moyens face à la nouvelle femme que vous êtes devenue.

Certes, la grossesse peut être source d'angoisses et d'interrogations, parce qu'elle vous fait passer du statut de femme à celui de mère, avec tout ce que cela comporte de doutes. Pourtant, essayez de profiter de cette belle période pour apprécier votre bonheur, pour communiquer avec votre bébé, et pour vous détendre (sinon, dans quel état serez-vous quand le petit sera là ?).

Les 10 commandements de la grossesse

1. **De ta santé, tu prendras soin.** Faites attention à vous, prenez du repos et vivez dans un environnement sain.

2. **Une alimentation variée et équilibrée tu auras.** Vous êtes le fournisseur exclusif de votre bébé ! Pour lui permettre une croissance et une santé optimale, apportez-lui tout ce dont il a besoin (sinon, il ira piquer dans vos réserves !).

3. **Une activité physique régulière tu pratiqueras.** Arrêtez les cours d'abdo-fessiers mais faites tous les jours un peu de marche, de natation, de yoga... histoire de vous oxygéner et de rester tonique.

4. **Ton poids tu surveilleras.** Mangez « intelligemment », sainement... et raisonnablement ! Être enceinte n'est pas une raison pour se jeter sur le chocolat sans culpabiliser... maîtrisez votre prise de poids, vous vous en féliciterez plus tard !

5. **Le tabac, l'alcool et tout autre substance toxique tu supprimeras.** Toutes ces choses traversent la barrière du placenta et passent dans le sang de votre bébé... pensez à lui et arrêtez tout !

6. **Ta peau tu protègeras.** Vergetures, masque de grossesse... votre peau sera mise à rude épreuve. Aidez-la en la nourrissant quotidiennement avec application.

7. **Tout symptôme suspect tu signaleras.** Gêne, douleur, infection... mieux vaut en parler rapidement à son médecin. Certaines affections, bénignes en temps normal, peuvent être dangereuses pour le bébé.

8. **Ton accouchement tu prépareras**. Même si vous souhaitez demander la péridurale, profitez de vos séances de préparation : mieux informée, vous serez plus sereine.

9. **Ton avenir tu organiseras**. Choix de la maternité, trousseau et chambre de bébé, mode de garde pour la reprise du travail, etc. Mettez à profit les neuf mois qui viennent pour préparer la suite des événements : tout sera si différent !

10. **Du temps qui te reste tu profiteras**. Dîner en amoureux, sorties entre copines, soirées ciné... régalez-vous et savourez bien ces derniers instants de la « vie d'avant » !

Mois 1

Comment un petit trait bleu peut changer votre vie

TIENS, BONJOUR PAULINE !
QU'EST CE QUE TU FAIS LÀ ?

JE SUIS VENUE ACHETER
UN TEST DE GROSSESSE VITE FAIT,
AVANT DE PARTIR AU BOULOT.

JE NE ME SENS PAS BIEN
DEPUIS QUELQUES JOURS...
ET J'AI TROIS JOURS DE RETARD !
JE N'EN DORS PAS LA NUIT.

ALORS, TU COMPRENDS, UNE JOURNÉE DE PLUS AVEC CETTE
ANGOISSE... JE NE POURRAIS PAS TENIR !

C'EST DRÔLE ! JE SUIS VENUE POUR
LA MÊME CHOSE ! EN FAIT, J'AI DÉJÀ FAIT UN TEST HIER,
MAIS LE PETIT TRAIT BLEU ÉTAIT TOUT PÂLE...

Vous êtes plutôt...?

La cool *C'est donc ça !*

Depuis quelques jours, vous êtes toute chose. Un peu vaseuse, un peu molle... peut-être que vos cours de yoga ont un effet de plus en plus puissant sur vous... ou peut-être qu'autre chose se trame ? Comme vous n'êtes pas du genre à vous affoler, vous misez sur une fatigue passagère. Mais quand même, cette tension dans les seins, ce léger malaise permanent... vous vous décidez à faire un test. PAS POSSIBLE ! Vous êtes enceinte !

Le temps qui s'écoule entre la décision de faire un enfant et la concrétisation du projet est très variable. Si nombre de femmes attendent de longs mois avant d'être enceintes, d'autres sont fécondées au premier câlin coquin. Soyez donc vigilante dès les premiers symptômes car plus vite vous serez au courant, plus vite vous prendrez soin de vous et de votre bébé.

La sereine *J'ai eu un pressentiment*

Comment dire... vous l'avez senti tout de suite ! On dit que les femmes ont un 6e sens : le vôtre est sûrement particulièrement aiguisé ! Après ce fameux câlin où votre chéri et vous aviez été si... performants, vous avez eu la sensation que quelque chose de mystérieux venait de se passer. Et puis voilà, aujourd'hui, le petit trait bleu est apparu dans la fenêtre du test de grossesse !

Mythe ou réalité, il paraît effectivement que certaines femmes savent qu'elles sont enceintes dès que leur ovule et le spermatozoïde de leur chéri se croisent. En partant du principe qu'étant avertie très tôt, vous prendrez tout de suite les précautions nécessaires concernant votre santé et celle de votre enfant, vous pouvez remercier votre intuition d'être aussi fine !

La paniquée *Je n'y crois pas !*

Voilà trois tests de grossesse que vous alignez sur la tablette de votre salle de bain, et vous craignez d'avoir des hallucinations : vous avez beau fixer tous ces petits traits bleus, vous n'y croyez pas. Pour arrêter là toute tergiversation supplémentaire, votre homme décide de vous emmener au laboratoire d'analyses pour faire un test sanguin. Quelques heures après, un coup de fil vous confirme officiellement la nouvelle : vous êtes enceinte !

Allez vous enfin réaliser ce qui vous arrive ? Il vous faudra certainement plusieurs jours avant d'avoir vraiment conscience de ce qui se passe en vous... Prenez rapidement rendez-vous avec votre gynécologue, afin qu'il vous confirme le début de votre grossesse. Vous n'oserez pas remettre en cause son diagnostic, n'est-ce pas ?

Mais qu'est-ce qui vous arrive ?

Cochez les cases qui vous correspondent :

- ☐ Vous vous êtes endormie sur le clavier de votre ordinateur en début d'après-midi (c'est Duboss qui vous a réveillée en entrant sans frapper dans votre bureau).
- ☐ Vous allez aux toilettes environ toutes les demi-heures.
- ☐ Vous avez chaud. C'est fou ce que vous avez chaud.
- ☐ Sniff... mais non, vous n'êtes pas triste... vous avez juste envie de pleurer !
- ☐ Vous vous sentez à l'étroit dans votre 90 C !
- ☐ Beurk !!! Mais qui donc vient de se verser une tasse de café ici ?
- ☐ Vos cycles sont un peu chaotiques, mais tout de même, 15 jours de retard, ça ne vous était jamais arrivé.
- ☐ Re-beurk, cette odeur de poisson frit à la cantine...

- ☐ Depuis une semaine, vous ne voyez que la bande annonce du film à la télé. Quand vous vous réveillez (pour aller faire pipi), c'est le générique de fin qui passe.
- ☐ Mais qui a augmenté la température dans cette pièce ?
- ☐ MAIS NON !!! Vous n'êtes pas énervée !!!!

Vous avez coché moins de 3 cases :

Peut-être êtes-vous un peu barbouillée par les sushis de midi ou encore un peu fatiguée par votre cours de step. Si les envies de pipi continuent, vérifiez que vous ne couvez pas une cystite. Vous avez également des chances d'être enceinte : vous faites peut-être partie des femmes pour qui les symptômes sont peu marqués.

Vous avez coché entre 3 et 8 cases :

Avez-vous du retard dans votre cycle ? Êtes-vous sujette aux coups de pompe ? Ou bien êtes-vous tout simplement enceinte ?

Soyez vigilante : vous présentez de nombreux signes avant coureur de la grossesse....

Vous avez coché plus de 8 cases :

Apparemment, vous avez de très grandes chances de commencer une grande aventure... faites vite un test !

Pour en savoir plus, rendez-vous page 38 : « Tout ce que vous allez détester dans votre grossesse ».

Vite, un test!

Que vous souhaitiez avoir un enfant depuis longtemps ou pas, que votre grossesse soit volontaire, accidentelle, miraculeuse, ou inopinée, rien de tel qu'un test de grossesse (qu'il soit urinaire ou sanguin) pour confirmer LA nouvelle.

Le test urinaire

- En vente en pharmacie ou en parapharmacie.
- Ne nécessite pas de prescription médicale.
- Se présente comme une sorte de stylo, dont l'extrémité doit être placée sous le jet urinaire. Une fois imbibée, la tige laisse apparaître un trait de couleur lorsque le test est positif. Une fenêtre de contrôle permet de comparer avec le modèle « positif ».
- Coût : environ 15 euros.

Le test en laboratoire

Sur prescription médicale, il s'agit d'une prise de sang. Vous pouvez très bien vous rendre dans votre laboratoire, demander cet examen, et le faire prescrire ensuite par votre médecin pour obtenir le remboursement.

Comment ça marche ?

Lorsque l'œuf fécondé s'implante dans la muqueuse utérine, il libère une hormone (béta-HCG ou hormone gonadotrophine chorionique) semblable à celle qui a déclenché l'ovulation et dont le but est de maintenir les sécrétions ovariennes pour qu'il n'y ait pas de règles. Les tests permettent de détecter la présence de cette hormone dans le sang ou dans les urines. On peut dire que le taux de cette hormone devient significatif environ 6 jours après la fécondation.

Quand faire le test ?

Même s'ils sont très sensibles, il est recommandé d'attendre au moins jusqu'au 3e jour qui précède la date éventuelle des règles avant d'effectuer un test urinaire ou une analyse en laboratoire. Cette précaution permettra d'avoir une réelle certitude et d'éviter d'avoir à recommencer.

Il y a encore quelques années, on recommandait de pratiquer le test avec le premier pipi du matin (plus concentré) : les progrès de la technique permettent aujourd'hui de réaliser le test à n'importe quel moment de la journée.

Quelle est la fiabilité ?

S'il n'est pas réalisé trop tôt, le test urinaire est fiable à 99 %. L'analyse biologique, quand à elle, est fiable à 100 %.

En général, les femmes font un test urinaire dès qu'elles constatent un retard de règles. Elles confirment ensuite le résultat par une analyse biologique.

Dis, comment on fait les bébés ?

Bien sûr, vous connaissez parfaitement la méthode, pour laquelle votre compagnon et vous pratiquez un entraînement intensif depuis bien longtemps. Vous pouvez même vous targuer d'avoir quelques « spécialités » dont vous n'êtes pas peu fière. Mais pour dépasser le stade des galipettes, êtes-vous sûre de savoir exactement ce qui se passe lorsque le papa met sa petite graine dans le ventre de la maman ?

Petit rappel à l'attention de celles qui ont oublié leurs cours de sciences naturelles

Pour faire un enfant, il faut provoquer la rencontre entre le spermatozoïde et l'ovule, respectivement les cellules reproductives de l'homme et de la femme.

Les spermatozoïdes, fabriqués en grandes quantités dans les testicules de l'homme, portent en eux tout le patrimoine génétique du père, grâce à leurs 23 chromosomes (dont le chromosome X qui donnera une fille ou bien le chromosome Y qui donnera un garçon). Très agiles grâce à leur grand flagelle (la grande queue qui leur permet d'avancer), ils parcourent tout l'appareil génital féminin et se dirigent vers les trompes dans l'espoir d'y rencontrer leur homologue, l'ovule.

L'ovule est la cellule maternelle contenue dans les ovaires (les petites filles naissent avec leur stock complet d'ovocytes, environ 7 millions, qui s'est constitué pendant la vie intra-utérine). Lui aussi contient tout le patrimoine génétique de la mère.

Les ovaires sécrètent des hormones, la progestérone et les œstrogènes. Ceux-ci, produits à partir du cinquième jour du cycle, permettent à la muqueuse utérine de s'épaissir et donc d'accueillir un éventuel œuf fécondé. Lors de l'ovulation, l'ovule arrivé à maturité est éjecté par les ovaires et libéré dans les trompes. En général, l'ovulation a lieu au 14e jour du cycle (qui en compte le plus souvent 28). Bien entendu, cette date est tout à fait variable selon les femmes.

C'est pourquoi il est important de repérer sa période d'ovulation si l'on souhaite concevoir un enfant. Si l'ovule n'est pas fécondé, il poursuit son chemin puis est éliminé, la muqueuse utérine dégénère et produit les menstruations.

Mettons les comptes à zéro !

Étant enceinte, vous allez très vite passer pro en calcul mental : en effet, vous aurez très à cœur de savoir exactement à quel degré d'avancement vous vous trouvez, combien de jours il vous reste encore à tenir (les dernières semaines sont réputées pour être particulièrement longues. Je ne citerai personne, mais j'ai connu une future maman qui, à la fin de sa grossesse, alignait des bâtons comme un prisonnier qui purge sa peine...). Toute cette petite comptabilité est très utile pour étudier précisément l'évolution du bébé et plus particulièrement la date de sa venue au monde.

Pour compter, il existe deux méthodes qui prennent deux points de départ différents :

- **À partir du 1er jour des dernières règles :** On parle alors de semaines d'aménorrhée (SA), c'est-à-dire sans règles. La convention internationale veut que l'on utilise cette manière de compter. C'est d'ailleurs ainsi que votre obstétricien ou votre sage-femme s'exprimeront.
- **À partir du jour de la conception :** On parle alors de semaines de grossesse véritable (SG). On utilise plus facilement cette comptabilité pour parler de sa grossesse à ses proches et à toutes les personnes qui vous demanderont tout le temps : « Alooooors, c'est pour quand ? »

Équation à retenir : SA = SG + 2

Il vous faudra donc attendre 40 semaines d'aménorrhée soit 280 jours et 38 semaines de grossesse soit 266 jours.

Astuce

Il est bien connu qu'une femme enceinte n'a pas toute sa tête… pour vous aider à tenir votre petite comptabilité intime, pensez à utiliser un mini calendrier au format carte de visite, facile à conserver dans son portefeuille et discret à consulter (au bureau par exemple).

Chaque semaine, barrez une case correspondant à 7 jours. Vous visualiserez plus rapidement où vous vous trouvez dans la chronologie de votre grossesse.

Ce qui se passe pour Bébé

De la 3e à la 6e SA, de la 1re à la 4e SG

Vous étiez une femme. Il suffit juste d'un petit câlin… et hop ! Vous devenez une future mère ! On vous avait bien dit que les hommes ont une baguette magique !

3e semaine d'aménorrhée *1re semaine de grossesse*

Lorsqu'il est fécondé par un spermatozoïde, l'ovule se divise en deux, puis en de nombreuses cellules, devient un œuf et chemine dans les trompes vers l'utérus (entre le 3e et le 6e jour après la fécondation). Pendant toute cette période, l'œuf envoie des signaux hormonaux afin de bloquer les règles qui risqueraient d'expulser le bébé.

Au 7e jour, la « nidation » dans l'utérus s'opère : l'œuf s'implante dans la muqueuse de l'utérus.

4e semaine d'aménorrhée *2e semaine de grossesse*

L'implantation dans l'utérus se poursuit, les cellules externes de l'œuf et celles de la muqueuse utérine commençant leurs échanges : le placenta s'ébauche. Poursuivant leur différenciation, les cellules de l'œuf se divisent en deux couches qui sont à l'origine de tous les tissus et de tous les organes du futur bébé.

La cavité amniotique et le cordon ombilical sont créés.

À ce stade, votre bébé mesure 0,2 mm.

5e semaine d'aménorrhée *3e semaine de grossesse*

La multiplication des cellules et leur organisation avancent à une vitesse vertigineuse : l'œuf devient un disque embryonnaire composé de trois couches et mesure maintenant 1,5 mm !

Les cellules ébauchent le système nerveux (la couche supérieure s'épaissit sous la forme d'une ligne avec une extrémité renflée qui deviendra la boîte crânienne et la forme primitive du cerveau). Deux tubes s'ébauchent pour devenir le cœur : il bat déjà !

6e semaine d'aménorrhée *4e semaine de grossesse*

Les organes commencent à se mettre en place, les bourgeons des bras apparaissent déjà. L'embryon prend la forme d'un petit haricot, un peu courbé : il grandit à vue d'œil et mesure 5 mm.

La cavité amniotique dans laquelle il flotte s'agrandit, le système cardiaque se met en place et la circulation sanguine commence. Les échanges avec la mère s'organisent grâce au cordon ombilical.

Ce qui se passe pour vous

De la 3e à la 6e SA, de la 1re à la 4e SG

Trois jours avant la date présumée de vos règles, vous avez voulu confirmer ce sentiment bizarre qui vous habite... et voilà, le test est positif ! Pour plus de certitudes, vous avez attendu quelques jours avant de refaire un test urinaire ou encore vous avez passé un examen au laboratoire. Mais le fait est là : vous êtes bien enceinte.

Votre corps

- Vous êtes soumise à une véritable révolution hormonale : pour que la « greffe » du bébé prenne dans votre utérus, vous êtes baignée dans un flux de progestérone, d'œstrogènes et de gonadotrophine chorionique (produite par l'embryon) qui modifient votre état de santé et votre bien-être.
- Votre utérus, dont vous ignoriez presque l'existence jusqu'à aujourd'hui, passe de la taille d'une figue à celle d'une mandarine (on parle bien du « fruit de vos entrailles », non ?). Pourtant, vous ne sentez pas la différence, si ce n'est, parfois, quelques tiraillements.
- Vos seins sont tendus et souvent douloureux. Ils augmentent de volume. Vous pouvez déjà observer une légère coloration (plus foncée) de l'aréole, et parfois la présence de petits « picots », les glandes de Montgomery, qui sécrèteront plus tard une substance lubrifiante pour les mamelons lors de l'allaitement.

Top 5 des questions qui torturent la femme enceinte (dès qu'elle est informée de son état)

- Vais-je échapper à la fausse couche ?
- Le bébé sera-t-il normal ? (Question off : sera-t-il beau, grand, intelligent ?)
- Combien de kilos est-ce que je vais prendre ?
- Ça fait mal d'accoucher ? (Comme une épilation du maillot à la cire chaude ? plus que ça ?)
- Serais-je une bonne mère ?

Émotions

Bien sûr, vous commencez à éprouver des symptômes, avec plus ou moins d'intensité. Mais surtout... votre cœur va exploser ! Quelle nouvelle ! Vous sentez très bien que toute votre vie va basculer... et ce sera le cas !

Témoignages

Nora, 35 ans, enceinte de 7 mois

« Éric et moi avons attendu 3 ans avant que Mathéo veuille bien venir parmi nous. Nous avions commencé à consulter, fait des examens et allions entamer le long chemin de la procréation assistée... Vous imaginez ce que j'ai pu éprouver quand un matin, un peu vaseuse, j'ai fait un test de grossesse ! Nous avons petit-déjeuné au champagne ! »

Témoignages

Sophie, 29 ans, enceinte de 5 mois

« Paul et moi avions décidé de mettre un bébé en route. Très prise par mon travail et mes activités de loisirs, je n'aurais jamais imaginé être enceinte dès le mois suivant. La surprise, le fait d'être mise au pied du mur... j'ai un peu paniqué. J'étais heureuse, mais finalement assez angoissée par tous les bouleversements qui allaient avoir lieu. Aujourd'hui, je me suis organisée et je vois mon ventre s'arrondir avec joie. »

Le premier trimestre de la grossesse est particulièrement bouleversant : enceinte sans que cela se voit encore, la future maman peut ressentir une certaine frustration. L'angoisse de la perte du bébé, les divers examens médicaux... sont parfois difficiles à vivre.

En général, les choses rentrent dans l'ordre rapidement : une fois la nouvelle « digérée », les premières angoisses s'estompent. Cependant, n'hésitez pas à vous confier si votre mal-être vous pèse : votre compagnon, une amie, une sœur ayant des enfants, vous soutiendront. Votre médecin, le psychologue de la maternité sont également là pour vous aider à évacuer vos angoisses pour traverser cette période difficile.

Et le papa alors, il a le droit d'être tout chose, non ?

En général, il est le premier à qui l'on annonce LA nouvelle. Pendant toute la grossesse, et malgré vos efforts pour le faire participer à vos émotions, à vos sensations, il aura peut-être le sentiment d'être un peu exclu. Le plus souvent, l'homme devient vraiment père lorsque l'enfant est là.

Vous profiterez sans doute du moment de l'annonce pour lui faire une belle surprise, pour « marquer le coup », afin qu'il prenne part à ce bouleversement que vous, vous avez la chance de vivre...

Petites idées pour épater le futur papa

Classique : le test de grossesse entouré d'un ruban rouge posé sur la table du dîner (aux chandelles).

Discrète : lui faxer le résultat du test en laboratoire (attention ! Il faut être sûre qu'il prendra lui-même le papier !).

Codée : une paire de petits chaussons posée sur l'oreiller.

Graphique : des prénoms écrits au feutre sur votre ventre et un point d'interrogation autour du nombril.

Bucolique : un chou et une rose dans un paquet cadeau.

Moderne : un mini site internet avec la photo d'un bébé en page d'accueil.

Musicale : passer en boucle la chanson de Renaud, « En cloque ».

Postale : lui envoyer une carte de fête des pères en écrivant « Bientôt, ce sera ton tour ! ».

Branchée : envoyer par e-mail des adresses de sites internet relatifs à la grossesse : « Lis, ça pourrait t'intéresser. »

Rapide : par SMS « dans 9 mois, nous serons 3 ».

Les précautions à prendre

Même si votre forme est bonne, votre santé sans soucis, regardez de plus près les quelques mois qui viennent de s'écouler : vous avez sûrement attrapé au moins un rhume, souffert de douleurs au ventre, eu un peu mal à la tête...

Maintenant que vous êtes enceinte, tous ces petits bobos sans importance vont vous sembler insupportables, tant vous allez avoir envie de préserver la santé de votre bébé. À partir de maintenant, vous ne pourrez plus prendre le moindre cachet sans demander son avis à votre médecin et vous passerez reine dans le truc de grand-mère (exemple : pour enrayer un rhume, faire des inhalations d'eucalyptus, etc.).

En ce début de grossesse où votre futur bébé est encore si fragile, si sensible aux infections et à tout traumatisme, vous devez prendre un maximum de précautions. Faites attention à vous, votre bébé sera encore mieux protégé !

- Si vous devez passer des examens radiologiques, prévenez le médecin de votre état. Les rayons peuvent avoir des conséquences graves sur le développement de l'embryon. Si possible, remettez les examens à plus tard.
- Ne prenez aucun médicament, pas même de l'aspirine, sans avoir l'accord de votre médecin (si vous lisez attentivement les notices des médicaments, vous verrez que presque tous mentionnent des précautions à prendre en cas de grossesse).
- Évitez le contact avec toute personne atteinte d'une maladie contagieuse.
- Consultez votre médecin en cas de douleur abdominale violente et persistante. Faites de même en cas de saignements importants (de petites pertes de sang sont très fréquentes. Parlez-en à votre gynécologue).
- Si vous fumez, modérez votre consommation ou, mieux, stoppez-la. De même, arrêtez votre consommation d'alcool et de

toute forme de drogue si c'est le cas (pour mieux comprendre les méfaits du tabac et de l'alcool sur votre futur bébé, reportez-vous à la page 44).

Le suivi médical

En ces premières semaines de grossesse, la visite prénatale n'est pas obligatoire : elle doit simplement être passée avant la 14e semaine d'aménorrhée. N'attendez cependant pas aussi longtemps avant d'aller consulter votre médecin : les examens qui vous seront prescrits permettent de déceler des maladies ou de prévenir des malformations. Mieux vaut donc prendre toutes les précautions, le plus tôt possible.

En général, il est recommandé de passer cette première visite à la fin du 1er mois.

Pourtant, rien ne vous empêche de consulter votre gynécologue si vous avez besoin d'être rassurée, de confirmer votre début de grossesse ou si vous avez des problèmes de santé particuliers. Il vous prescrira les examens obligatoires et vous aurez de l'avance sur le planning imposé par la Sécu.

Les démarches à faire

Réfléchir dès à présent sur le choix de la maternité

Très vite, cette question « administrative » va se poser. Paradoxalement, alors que vous n'êtes enceinte que de quelques jours ou semaines, il faudra prendre une décision pour un événement qui n'aura lieu que dans plusieurs mois...

Aucune loi ne vous impose de vous inscrire dans un établissement en particulier : vous êtes libre de votre choix (un nombre croissant de femmes décident même d'accoucher à domicile). D'ailleurs, aucune maternité ne pourra vous refuser si vous n'êtes pas inscrite (au risque d'être accusée de non-assistance à personne en danger !). En revanche, arriver en urgence alors que vous n'êtes pas attendue peut rendre la situation encore plus stressante...

Attention !

Celles qui habitent Paris, la région parisienne ou d'autres grandes agglomérations devront choisir plus rapidement que les autres...

Les établissements manquent cruellement de places et même en arrivant avec votre test de grossesse encore tout chaud à la main, vous aurez des chances de vous retrouver sur une liste d'attente.

Critères de choix

La première de vos préoccupations doit être celle de la sécurité. Les maternités sont réparties en trois niveaux selon leur degré d'équipement.

- **Niveau 1 :** l'équipe médicale sait réaliser les premiers gestes d'urgence (elle est affiliée à un établissement d'un niveau supérieur où les nouveau-nés en difficulté peuvent être transférés). Ce sont des établissements qui s'adressent aux nouveau-nés et aux mamans en bonne santé, pour lesquels on prévoit un accouchement sans difficultés particulières.
- **Niveau 2 :** la maternité dispose d'un service de néonatalogie pour les bébés qui nécessiteront des soins spécifiques.
- **Niveau 3 :** les cas difficiles peuvent être pris en charge dans un service de réanimation néonatale.

Si votre grossesse pose des problèmes particuliers, votre médecin vous orientera vers un établissement de type 2 ou 3.

Pour choisir, posez-vous les bonnes questions :

- Combien d'accouchements y sont pratiqués par an ? (Entre 700 et 2500 semble être une bonne moyenne. En dessous, on a peur qu'ils aient perdu la main et au-dessus qu'ils soient complètement débordés...).
- La maternité dispose-t-elle d'un bloc opératoire ?
- Comment sont gérés les cas des prématurés ?
- Qui est sur place 24 h sur 24 ?
- La péridurale est-elle facilement accessible, quelle que soit l'heure du jour et de la nuit (ou faut-il supplier à genoux pour l'obtenir ?) ?

Un autre critère très important est celui de la proximité. Évidemment, au moment où viennent les contractions, mieux vaut ne pas avoir deux heures de route à faire, au milieu des bouchons, en se cramponnant au siège et en écoutant son compagnon hurler « laissez-moi passer, ma femme accouche ! »

Les statistiques annoncent qu'en moyenne, les femmes parcourent 14 km pour se rendre sur le lieu de leur accouchement (Insee, juin 2003).

Une autre interrogation peut alors se poser : faut-il accoucher dans le public ou dans le privé ? La question du budget ne rentre pas vraiment en ligne de compte : les frais de l'accouchement sont pris en charge par la Sécurité sociale. En revanche, en clinique conventionnée, les dépassements d'honoraires ne seront pas remboursés, à moins que votre mutuelle ne s'en charge.

Attention !

Certaines cliniques sont seulement agréées par la Sécurité sociale. Vous devrez faire l'avance des frais et n'obtiendrez qu'un remboursement partiel. Pour les cliniques non agréées, tous les frais seront à votre charge. Consultez les prix à l'avance car certaines cliniques pratiquent des tarifs très élevés, dépassant de loin la valeur des services proposés.

À rappeler (on ne sait jamais…)

À l'hôpital, les frais annexes (chambre individuelle, télévision, téléphone...) sont bien entendu à votre charge.

Alors, comment choisir ?

Public

La sécurité

C'est dans le public que l'on trouve les équipements les plus performants, les structures les plus adaptées aux grossesses à risque, comme les services de néonatalogie par exemple.

La disponibilité

Quelle que soit l'heure du jour et de la nuit, l'accueil sera assuré pour votre accouchement (les équipes comptent toujours au minimum deux sages-femmes, un anesthésiste, un obstétricien et un pédiatre). La péridurale est possible, quel que soit le moment où vous arrivez.

Personnalisation

À l'hôpital, l'environnement aseptisé, le poids de l'infrastructure, les problèmes et dysfonctionnements de l'institution… ne créent pas forcément une atmosphère très conviviale. Votre suivi n'est pas personnalisé : votre accouchement sera réalisé par les sages-femmes de garde et vous ne connaîtrez pas forcément l'obstétricien.

À noter : certains médecins ont une clientèle privée au sein de l'hôpital. Ils suivent alors votre grossesse et procèdent à votre accouchement. Vous prenez à votre charge les dépassements d'honoraires.

Intimité et confort

Les chambres individuelles font souvent défaut ou sont réservées aux mamans ayant eu une césarienne. En général, la déco est très… fonctionnelle, pour ne pas dire triste, voire déprimante !

La nourriture est souvent déplorable : soyez très vigilante en remplissant le questionnaire relatif à vos goûts pour la préparation des menus. Une maman qui avait coché « charcuterie » en pensant qu'on allait lui servir du jambon a vu arriver une andouillette le lendemain de son accouchement : il faut avoir le cœur bien accroché !

Privé

La sécurité

Les cliniques ne disposent pas toujours d'une salle de réanimation, de couveuses ou encore d'un bloc opératoire.

La disponibilité

La nuit, le personnel est souvent en sous-effectif, même si la loi impose la présence d'une sage-femme 24 h sur 24. Dans de nombreuses cliniques, un pédiatre et un accoucheur sont de garde la nuit.

Personnalisation

En clinique, vous choisissez votre médecin : il suivra votre grossesse jusqu'à votre accouchement, qu'il pratiquera lui-même, quelle que soit l'heure du jour ou de la nuit (enfin, si vous pouviez vous retenir de pousser pendant la nuit du samedi au dimanche, il vous en serait reconnaissant !).

Intimité et confort

Les chambres individuelles sont très nombreuses et répondent donc au désir d'intimité des parents. Elles sont en général agencées de manière à apporter le plus de confort possible pour la maman et son bébé. Les repas sont le plus souvent soignés et de bonne qualité (ça redonne du baume au cœur !).

Tout ce que vous allez détester dans votre grossesse

Allez, venez faire un tour au rayon de tous les petits bobos, inoffensifs mais pénibles, si caractéristiques de la grossesse ! Notez que dans le jargon médical, on nomme ces petits tracas « signes sympathiques de la grossesse ». Quels farceurs, ces médecins !

Attention !

Aussi difficiles que soient à vivre ces symptômes, pensez à leur contrepartie positive !

- Plus dur aura été le premier trimestre, plus agréable sera le deuxième (merci M. Coué !) ;
- Plus de tracas vous connaîtrez, plus de détails croustillants vous aurez à raconter à vos copines quand, à leur tour, elles vous demanderont « et pour toi, comment ça s'est passé ? »

(vous verrez, vous aussi, vous a-do-re-rez raconter votre grossesse aux novices) ;

- Plus héroïque vous serez en terminant votre parcours du combattant !

Les nausées

Elles sont en première place au hit-parade des soucis. Pourtant, à chaque femme, à chaque grossesse correspond un cas particulier : inexistantes, légères, très soutenues, allant jusqu'aux vomissements... rien ne pourra prédire quelle sera votre réaction.

Souvent matinales, elles sont dues aux œstrogènes libérées en grandes quantités pendant les premiers mois (en général jusqu'au 4e) ou encore à des hypoglycémies. Elles peuvent survenir quand les repas sont trop espacés et sont calmées après avoir mangé.

Conseils

- Essayez de ne pas vous lever le ventre creux : gardez un biscuit ou une pomme sur votre table de nuit. L'idéal serait de demander à votre compagnon de vous apporter votre petit déjeuner au lit.
- Pour ne pas rester l'estomac vide, étalez vos repas : prenez une collation « intelligente » à 10 h puis à 4 h (un fruit, un laitage... pas une barre chocolatée !).

Attention ! Ce serait trop beau !

Fractionner ses repas ne veut pas dire manger toute la journée ! Ne profitez pas de votre début de grossesse pour vous gaver... vous risqueriez de le regretter amèrement plus tard.

- Privilégiez les sucres lents qui rassasient et « tiennent au corps ».
- Évitez les plats gras, en sauce ou toute nourriture qui vous soulève le cœur.
- Lors d'une crise, buvez quelques gorgées de cola glacé : à l'origine, ce soda était considéré comme un médicament... La formule sucrée semble plus efficace que la version light : n'en prenez que quelques gorgées !
- Si vos nausées deviennent trop importantes, que les vomissements sont violents par exemple, consultez votre médecin. Sinon, ne prenez aucun médicament sans son autorisation.
- Pensez également à l'homéopathie : Ipeca 5CH, Ignatia 5CH, Sepia 9CH, Symphoricarpus 4CH, Cocculus 5CH, Nux vomica 5CH peuvent, selon les cas, améliorer votre état.
- Une autre médecine douce, l'acupuncture, peut également être précieuse pour vous aider à passer cette période difficile.

Odorat hypersensible

Parfois à l'origine de nausées, le développement de l'odorat sous l'effet des œstrogènes est indéniable. Toutes les odeurs, même les plus agréables habituellement, peuvent « soulever le cœur » de la femme enceinte.

Café, poisson, friture... sont en général mal supportés. Bien entendu, évitez toutes les mises en situation avec ce type d'effluves. Il se peut même que la fragrance à laquelle vous êtes fidèle depuis des années vous paraisse insupportable du jour au lendemain. Si vous tenez absolument à sentir bon, préférez des eaux de Cologne très fraîches (le plus souvent citronnées) ou encore, regardez du côté de ces eaux de toilette « spéciales femmes enceintes » qui sont sur le marché depuis peu, légères et très agréables.

Les fringales

Très bonnes copines des nausées, les fringales font souvent passer la femme enceinte pour un ogre, un monstre capable de tuer pour une tartine de fromage frais.

À savoir

Une femme enceinte peut exiger que l'on fasse un détour de 10 km pour trouver une boulangerie ouverte un dimanche soir et peut devenir très désagréable avec la vendeuse parce qu'il ne reste plus que des éclairs au chocolat et non au café.

Conseils

- Fractionnez les repas et étalez vos prises alimentaires sur la journée.
- Du côté de l'homéopathie, Nux vomica 7CH et Antimonium crudum 5CH pourront peut-être vous aider.

L'envie de dormir

La somnolence est, elle aussi, le résultat des flux d'hormones qui vous assaillent. Cette fatigue chronique s'estompe en général une fois le 3e mois révolu.

Conseils

Malheureusement, il n'y a pas grand-chose à faire, si ce n'est dormir... Si vous le pouvez, écoutez votre corps et reposez-vous dès que possible. Si vous travaillez : couchez-vous plus tôt. Tant pis si Monsieur râle, de toute façon, vous ne l'entendrez pas, ses jérémiades seront couvertes par vos ronflements...

La constipation

C'est la faute à la progestérone !

Cette hormone veut du bien à votre bébé : en agissant sur tous les muscles lisses (dont l'utérus) pour en ralentir l'activité (et donc, les contractions...), elle agit également sur tout votre appareil digestif.

Conseils

Pour aider votre transit, utilisez les « trucs » les plus classiques mais souvent les plus efficaces, comme :

- Boire beaucoup d'eau.
- Forcer sur les légumes et sur les fruits, pour leurs fibres. De préférence, consommez-les cuits, ils seront plus faciles à digérer. *Le truc :* les poireaux bouillis. Personnellement, je ne connais pas de meilleur laxatif. Le célèbre pruneau reste en bonne position dans la liste des remèdes efficaces.
- Manger des céréales complètes : si vous les supportez, elles seront une aide précieuse. N'en abusez pas tout de même : elles peuvent être assez irritantes pour l'appareil digestif et provoquer flatulences et autres désagréments.

- Faites de l'exercice, notamment de la marche; c'est un excellent moyen d'activer le transit intestinal.

L'acné

À l'adolescence, votre gynéco vous avait prescrit la pilule pour lutter contre l'invasion de pustules barbares qui prenaient votre visage pour un champ de bataille. Quelques années plus tard, en arrêtant votre contraception pour mettre en route un bébé, vous avez pu assister avec horreur à l'éclosion de nouveaux boutons... et bien, la grossesse ne fera que donner un coup d'accélérateur à cette floraison purulente! Merci les hormones (la progestérone augmente l'activité des glandes sébacées). Menton, front, épaules... tous les coins stratégiques où la peau est plus grasse pourront être pris d'assaut.

Conseils

- Utilisez vos trucs d'adolescente: savons, lotions, crèmes anti-acné (n'hésitez pas à consulter un dermatologue). Et surtout: ne triturez pas les boutons qui laisseront alors des marques foncées quasi indélébiles.
- Attendez avec (im)patience de reprendre la pilule.

Flatulences, hoquet et autres...

Pour accompagner les nausées et autres dérangements intestinaux, nombre de femmes enceintes souffrent de flatulences et hoquets intempestifs.

Conseils

Après avoir eu honte, à deux ou trois reprises, de s'être oubliée, la future maman s'accommode très vite de ces petits désagréments. Prenez votre mal en patience et persuadez-vous qu'émettre un rot non contrôlé n'a jamais tué personne !

Tabac, alcool… épargnez-le !

Bien sûr, vous êtes au courant des risques que vous prenez : plusieurs cigarettes par jour, quelques verres avec des amis… Vous êtes une femme responsable, et vous savez ce que vous faites.

Aujourd'hui, vous êtes enceinte. C'est donc votre enfant qui fume et boit avec vous. Sans entrer dans un discours moralisateur, il faut rappeler que toutes les substances nocives que vous consommez passent à travers le placenta et atteignent votre enfant.

Les études montrent que fausses couches, retard de croissance, conséquences sur le développement du système nerveux… et autres méfaits sont la conséquence de la consommation du tabac, de l'alcool et des drogues, même douces. Mieux vaut être informée…

Pour d'autres recommandations, reportez-vous page à la 78.

Notes

ALLÔ, C'EST PAULINE ! JE SUIS AU BUREAU. ENFIN, PLUTÔT, JE FAIS SEMBLANT DE TRAVAILLER. ENTRE DEUX ALLERS-RETOURS D'URGENCE AUX TOILETTES ET UN PETIT SOMME, J'ARRIVE À TRAITER UN DOSSIER OU DEUX. ET TOI, ÇA VA ?

TRÈS BIEN ! EN FAIT, JE NE ME RENDS COMPTE DE RIEN ! HIER, J'AI ENCHAÎNÉ TROIS RÉUNIONS DE CHANTIER, ET J'AI TRAVERSÉ TOUTE LA VILLE À MOTO. C'EST PIERRE QUI, EN RENTRANT, M'A INTERDIT D'ALLER AU COURS DE STEP ! IL DIT QUE JE NE PRENDS PAS ASSEZ SOIN DE SON ENFANT !

TU EXAGÈRES PEUT-ÊTRE UN PEU, NON ? MOI, RIEN QU'À L'IDÉE DE PRENDRE L'AGRAFEUSE, JE BÂILLE. ET PUIS, ÉTEINS TA CIGARETTE QUAND TU ME PARLES AU TÉLÉPHONE. JE SUIS SÛRE QUE LA FUMÉE PASSE PAR LE MICRO ET QUE TU POLLUES L'AIR QUE RESPIRE MON BÉBÉ !

Mois 2

Mon petit oiseau fait son nid

Vous êtes plutôt...?

La cool *Enceinte, Et alors ?*

Depuis que vous avez appris votre grossesse, vous n'avez pas vraiment changé votre mode de vie. Il faut dire que vous ne souffrez pas trop des fameux symptômes que toutes les mères évoquent comme des souvenirs héroïques. De fait, vous continuez de travailler beaucoup, vous sortez encore pas mal (même si vous avouez une envie irrésistible de dormir dès 22 h), et vous ne vous refusez pas un petit verre de rouge et quelques cigarettes. Vous êtes en forme, alors votre bébé l'est sûrement aussi !

Pour certaines femmes, le début de grossesse passe réellement inaperçu : pas de symptômes, aucune prise de poids, forme égale, etc. Certaines même ne s'aperçoivent que très tard de leur grossesse ! Si votre vie ne semble en rien changée, prenez pourtant des précautions et ménagez-vous un peu : au moment où votre enfant connaît un développement exponentiel, pensez par exemple à lui apporter tout ce dont il a besoin pour bien démarrer.

La sereine *De l'équilibre avant tout*

En grande fille raisonnable, vous avez décidé de vous prendre en main : vous surveillez votre alimentation, essayez de vous reposer le plus souvent possible, avez déjà réservé votre chambre à la maternité, consulté des listes de nounous, etc. Prudente, vous n'avez toujours pas annoncé la nouvelle à vos proches...

Formidable ! En faisant attention à vous, vous offrez à votre enfant les meilleures conditions pour se développer à son aise. Continuez sur votre lancée : grâce à votre alimentation équilibrée, vous limiterez votre prise de poids et assurerez ainsi votre avenir après bébé, sans kilos superflus. Cependant, laissez-vous aller à vos émotions : n'hésitez pas à parler à votre mère par exemple. Confier ses angoisses mais aussi ses joies est parfaitement naturel et tout à fait libérateur.

La paniquée *Future « mamman » ?*

À peine munie de votre résultat positif, vous êtes allée vous acheter un vêtement de grossesse, vous projetez votre ventre en avant et vous mangez « pour deux » afin que tout le monde soit informé de votre état et que votre bonheur éclate au grand jour. Vous aimez déjà votre enfant plus que tout, vous avez tout de suite trouvé un prénom, misé sur sa future carrière (il sera médecin ou avocat, non ?)... Enfin, vous vous sentez déjà mère jusqu'au bout de vos doigts boudinés (par la rétention d'eau).

Alléluia ! Vous êtes heureuse, tant mieux ! Donner la vie est l'une des plus grandes joies qu'une femme puisse connaître et c'est merveilleux de vous voir vous réjouir ainsi. Pourtant, ne tombez pas dans la « mamma-mania » aiguë : toute cette excitation n'est pas bonne pour vous ! Ne vous angoissez pas à l'avance (vous en avez au moins pour vingt ans...) et pensez surtout à votre forme.

Ce qui se passe pour Bébé

Ce mois-ci, que de changements ! Même si pour l'instant rien n'est visible (sauf peut-être votre petite mine), vous avez réellement pris conscience qu'un miracle est en train de se produire en vous. Vous vous transformez en une véritable « usine à bébé » : en quelques semaines, votre enfant va connaître un développement extraordinaire, devenir un petit être humain en puisant toutes ses ressources en vous... de la pure magie !

7e semaine d'aménorrhée *5e semaine de grossesse*

Cette semaine voit un développement phénoménal du cœur du bébé : il double de volume ! D'ailleurs, le corps de l'embryon est trop petit pour le contenir et une bosse se forme dans laquelle on voit battre ce cœur, à un rythme très rapide (deux fois plus que le vôtre). Les bourgeons des bras et des jambes commencent à se former.

L'embryon mesure de 5 à 7 mm.

8e semaine d'aménorrhée *6e semaine de grossesse*

La tête de l'embryon, toujours très penchée vers le thorax, se développe beaucoup : elle est très grosse puisqu'elle représente près de la moitié de son corps. Bouche, nez, langue, oreilles, nerf optique commencent à se développer.

Votre bébé mesure de 10 à 14 mm et pèse 1,5 g. Quel progrès fulgurant ! Il commence même à bouger : ses mouvements ne sont pas volontaires et ressemblent à des sauts de carpe. Vous ne pouvez pas encore les sentir (il vous faudra attendre au moins jusqu'au 5e mois...).

9e semaine d'aménorrhée *7e semaine de grossesse*

Le cou s'allonge entre la tête et le thorax, tout comme les autres membres. Le nerf optique qui s'était formé devient opérationnel, les paupières recouvrent les yeux qui eux-mêmes se rapprochent. Les bourgeons dentaires prennent place. Si le sexe de l'enfant n'est pas encore formé, les canaux urinaire et rectal se développent.

Votre bébé mesure environ 20 mm et pèse 2 g.

10e semaine d'aménorrhée *8e semaine de grossesse*

Maintenant, votre bébé est au complet : tous ses organes sont formés, et à partir de cette semaine va commencer leur développement exponentiel...

Ses membres se perfectionnent : ses pieds et ses mains sont définitifs. Le cœur est désormais séparé en deux parties, son battement peut alors s'écouter au Doppler : très impressionnant par sa rapidité, ce « boum boum » sera pour vous le plus joli des bruits que vous ayez jamais entendu !

Ce qui se passe pour vous

Pour certaines, c'est une période difficile où nausées, fatigue et autres désagréments empêchent de savourer pleinement ce bonheur tout neuf. Pour d'autres, rien de tel au contraire... Les femmes sont toutes différentes et chaque grossesse est un cas particulier !

Votre corps

- Votre utérus continue sa modification : son volume augmente et atteint maintenant celui d'une orange. Ses fibres musculaires s'allongent, s'étirent et s'assouplissent : cette évolution va se poursuivre jusqu'à l'accouchement où l'utérus aura atteint sa pleine maturité et sera prêt à se contracter pour expulser le bébé.
- En occupant plus de place dans votre bas-ventre, le « nid » de votre enfant appuie sur la vessie : vous avez tout le temps envie d'aller aux toilettes. Sachez-le dès à présent : plus le temps va passer, plus cette situation va empirer ! À la fin de votre grossesse, vous irez aux toilettes environ toutes les heures pour ne faire que quelques gouttes !

Témoignage

Sonia, 29 ans, maman de Théo, 13 mois

« Après mon accouchement, j'ai été très surprise en allant aux toilettes : cela faisait des mois que je n'avais pas fait autant d'une seule fois ! Je ne me souvenais plus que ma vessie pouvait en contenir autant ! »

- L'hormone HCG qui a permis de détecter votre grossesse a atteint son taux optimal : tous les petits désagréments qu'elle a pu provoquer sont donc à leur top niveau. Aux symptômes décrits plus haut peuvent s'ajouter brûlures ou aigreurs d'estomac, une salivation excessive, des crampes, des fourmillements dans les membres, la sensation de jambes lourdes, etc.

Sachez que tous ces soucis sont passagers et vont s'estomper dans les semaines qui suivent (ou peut-être allez-vous tout simplement vous y habituer !).

Astuces

Pour limiter la désagréable impression d'avoir les jambes gonflées, utilisez les trucs classiques contre les problèmes de circulation sanguine :

- Ne restez pas debout trop longtemps (si vous travaillez debout, profitez de vos pauses pour vous asseoir, étirer vos jambes et mieux encore, les surélever pendant quelques minutes).
- Pour dormir et favoriser le retour veineux, placez une cale sous le lit au niveau des pieds : des annuaires sous le matelas suffisent en général.
- Votre médecin pourra vous prescrire des veinotoniques qui agiront sur la paroi des veines pour les rendre plus résistantes.
- Si vous êtes enceinte en été, ou s'il fait particulièrement chaud, essayez les douches fraîches sur les jambes, en remontant de la cheville jusqu'aux cuisses : le bien-être est de courte durée, mais parfois, quelques minutes de répit ne se refusent pas !
- Utilisez des crèmes anti-jambes lourdes, en général à base de camphre et de menthol, qui peuvent vous soulager agréablement.

Émotions

Ah, ces hormones !

Votre corps et votre cerveau sont totalement imbibés... et vos émotions vous semblent gouvernées par une force inconnue que vous ne pouvez pas maîtriser. Vous pleurez pour un rien, d'ailleurs, c'est souvent la joie qui vous inonde et fait couler vos larmes.

À retenir

En regardant un film ou une émission, munissez-vous de nombreux mouchoirs en papier. En général, la vue d'un enfant qui souffre ou pire, d'un accouchement, peut déclencher des torrents de larmes et des sanglots hoquetants !

Pensez à prévenir votre compagnon : expliquez-lui que vous n'êtes plus tout à fait vous-même, que vous redeviendrez sans doute la femme sensée qu'il avait rencontrée, un peu plus tard (enfin, pas tout de suite...).

Avez-vous annoncé votre grossesse à vos proches ?

Cochez la case qui vous correspond le mieux :

- ☐ Je suis superstitieuse et je crains terriblement de faire une fausse couche. Je préfère attendre les trois premiers mois et une fois les risques passés, prévenir tout le monde.
- ☐ Je ne sais pas tenir ma langue : j'étais tellement heureuse en apprenant ma grossesse que j'en ai tout de suite parlé à ma famille, à mes amis, mes collègues, mes voisins, mon boucher, la caissière de l'hyper, le facteur...

- ☐ J'ai averti mon chéri, ma mère, ma sœur et mon médecin dès que je l'ai su. Maintenant, je n'en parle qu'à ceux qui remarquent quelque chose. Bientôt, la question ne se posera plus à cause mon ventre qui pointe déjà !
- ☐ Je n'ai rien dit mais je passe ma vie la tête dans la cuvette des WC. Au bout de deux ou trois excuses fallacieuses (indigestion de tarama, sole pas fraîche à la cantine, etc.), je n'ai pas pu garder le secret.

Sur ce sujet, pas de règle générale: FAITES COMME VOUS VOULEZ, selon votre caractère! En général, les futurs parents annoncent la nouvelle à leur très proche famille dès qu'ils sont au courant puis laissent passer un peu de temps avant de diffuser l'info auprès de leur cercle d'amis, puis enfin, de leurs collègues... En ce qui concerne l'annonce à votre patron, sachez qu'il est recommandé de l'avertir avant la fin du 3e mois de votre grossesse.

Précautions à prendre

Vous continuez à prendre soin de vous et cela va devenir une habitude pendant ces neuf mois: pourquoi pas en profiter pour continuer après l'arrivée de bébé et adopter une hygiène de vie plus saine qu'avant votre grossesse?

Réduisez (progressivement) ou arrêtez totalement la cigarette (vous pouvez en fumer 5 à 7 par jour au maximum) et stoppez toute consommation d'alcool.

Évitez au maximum toutes les causes de fatigue: longs trajets en voiture, heures de shopping où l'on piétine, poids à porter, etc.

À noter

Vous pouvez d'ores et déjà passer sans scrupules aux caisses prioritaires dans les supermarchés. Si vous sentez des regards soupçonneux sur vous puisque votre ventre ne se voit pas encore, brandissez vos résultats d'analyse et plus tard votre carte de grossesse, fournie sur demande par la CAF (voir plus bas). Profitez-en ! Neuf mois, ça passe vite finalement !

REPOSEZ-VOUS, autant que possible. Habituez dès maintenant votre homme à vous aider dans les tâches ménagères. Vous ne passerez pas pour une chipie si, dès le deuxième mois, vous prétextez ne plus pouvoir passer l'aspirateur ni porter les packs de bouteilles d'eau.

Douleurs suspectes

Bien entendu, en ce début de grossesse, vous sentez que « quelque chose » se passe dans votre bas-ventre... vous pouvez éprouver une douleur diffuse, due à la modification du volume de l'utérus qui, en se redressant et en se déployant, comprime les autres organes, comme la vessie et les intestins. Tout cela est normal. Ne décidez pas vous-même de prendre des anti-spasmodiques ou autres médicaments. En revanche, n'hésitez pas à signaler à votre médecin toute douleur aiguë, violente et persistante. Prévenez-le également si vous trouvez du sang dans votre culotte : même peu abondantes, toutes les pertes de sang sont à contrôler.

Je suis terrorisée par l'idée de la fausse couche...

Pendant les trois premiers mois (période où les risques sont maximum), beaucoup de femmes craignent cet échec, cette douleur et ce deuil que représente la fausse couche.

Si l'on est en droit de s'inquiéter, il ne faut pourtant pas trop se focaliser sur cette crainte : la majorité des fausses couches sont des avortements spontanés, dus à des embryons non viables que la nature rejette d'elle-même... D'autres sont dues à des infections (grippe, oreillons, ou encore infection vaginale ou du col de l'utérus). Ces causes n'ont pas de raison particulière de se reproduire lors d'une nouvelle grossesse.

Souvent, l'avortement spontané a lieu avant même que la femme se sache enceinte.

Quand s'inquiéter ?

En cas de saignements, faibles puis abondants, accompagnés de douleurs. Rendez-vous très rapidement chez votre gynécologue qui déterminera si ce sont effectivement les symptômes d'une fausse couche. Dans ce cas, vous serez surveillée afin de vérifier que l'œuf a bien été expulsé (une aspiration sous anesthésie pourrait être nécessaire).

Les conséquences psychologiques de ce traumatisme peuvent se révéler profondes : n'hésitez pas à vous faire aider pour surmonter cette épreuve.

Alimentation

L'alimentation de la femme enceinte est un thème qui tient très à cœur toutes les futures mamans. En effet, il repose sur plusieurs sentiments parfois contradictoires : le désir de bien se nourrir pour apporter tout ce qu'il faut au bon développement du bébé, la peur de trop grossir et l'angoisse des kilos de l'après-bébé, l'envie de se lâcher et de profiter de ce moment béni pour manger tout ce que l'on veut... voilà de quoi faire réfléchir !

Si bien manger est important au quotidien, il est vrai que la femme enceinte se doit de porter une attention particulière à ce qu'elle met dans son assiette.

Pour tout savoir sur les bases de cette diététique particulière, rendez-vous page 68.

Suivi médical

Une visite chez le gynécologue s'impose !

Cette consultation va permettre de confirmer, de dater et de déclarer la grossesse. Elle marquera également le début d'une longue série d'examens destinés à la surveillance de son évolution.

S'il s'agit de la première visite chez le médecin que vous consultez, il procèdera à un « interrogatoire » très précis qui lui permettra de connaître votre mode de vie (par exemple au sujet de votre travail, des trajets que vous effectuez, de votre contexte familial, etc.), vos habitudes (cigarettes, alimentation, etc.), votre environnement, vos antécédents médicaux, afin de mieux apprécier les risques qui vous entourent.

L'examen clinique qui suivra sera classique : mesure de la tension artérielle, pesée (gloups !), examen gynécologique. S'il n'est pas à jour, votre médecin pratiquera un frottis de dépistage (pour étudier tout risque de cancer du col de l'utérus).

Lors de cet examen, le médecin calculera le terme de votre grossesse (plus précisément sa durée maximum) et la date de votre accouchement. Bien entendu, ses calculs seront les plus précis possibles, mais ne sont en aucun cas définitifs et peuvent varier de plus ou moins 15 jours autour de cette date éventuelle.

À noter

C'est la première échographie qui pourra déterminer avec précision la date de l'ovulation et donc dater la grossesse.

Astuce

Pour calculer vous-même la date de votre accouchement, livrez-vous à ces différents petits calculs (pour cela, il faut être sûre de la date de vos dernières règles et considérer que votre ovulation a eu lieu au 14e jour du cycle) :

Méthode « à la main »

Munissez-vous de votre calendrier et comptez 40 semaines + 3 jours à partir du 1er jour de vos dernières règles.

Méthode mathématique

- Notez le 1er jour de vos dernières règles : exemple, le 21/01
- Enlevez 3 au chiffre du mois : 1 - 3 = 10 (soit le mois d'octobre)
- Ajoutez 7 au chiffre du jour : 21 + 7 = 28

Vraisemblablement, vous accoucherez autour du 28 octobre.

Votre médecin vous prescrira des examens biologiques afin de connaître des données particulièrement importantes pour le bon déroulement de votre grossesse.

Dans le sang

- Recherche de votre groupe sanguin complet.

Pour les problèmes de rhésus négatif chez la maman, se reporter page 64.

- Numération complète (avec par exemple le taux de globules rouges pour détecter les risques d'anémie).

Dans les urines

- Recherche de sucre pour étudier les risques de diabète gestationnel et d'albumine (sa présence peut être un signe d'hypertension ou d'infection urinaire).

Enfin, votre médecin procèdera à la déclaration de grossesse grâce à un formulaire à compléter et à renvoyer à la Sécurité sociale et aux Allocations familiales.

Les démarches à faire

Lors de la visite qui a confirmé votre état, le médecin vous a remis un formulaire de déclaration de grossesse.

Le volet rose de ce certificat médical ainsi que les feuilles de soins sont à adresser à votre caisse primaire d'assurance maladie. Grâce à cela, vous obtiendrez la prise en charge des frais médicaux liés à votre suivi et à l'accouchement.

Même si l'on dit que les femmes enceintes sont dans la lune, surtout n'oubliez pas d'envoyer ce formulaire ! Vous devez impérativement le faire avant la 14e semaine d'aménorrhée, soit avant la fin du 3e mois, afin de bénéficier de tous vos droits.

À la réception du dossier, votre caisse d'assurance maladie vous fera parvenir différents documents permettant le suivi personnalisé de votre grossesse :

- Un guide « Ma maternité - Je prépare l'arrivée de mon enfant » rempli d'informations pratiques (ce guide est disponible en téléchargement sur le site www.ameli.fr).
- Un calendrier personnalisé de vos examens médicaux : vous y trouverez mois après mois les dates de vos principaux examens de suivi de votre grossesse, les périodes de prise en charge à 100 % et les dates de votre congé maternité.
- Un mémento pour noter les dates de rendez-vous de vos examens.
- Un accès à votre compte en ligne sur le site internet ameli.fr afin de recevoir régulièrement des informations sur le suivi de votre grossesse (activez le service « Vous attendez un enfant » sur votre compte personnel).

À noter

Vous pouvez faire la demande d'une carte de priorité auprès de la CAF qui vous facilitera l'accès aux guichets, dans les administrations et dans les transports publics...

Les complications possibles : attention, danger !

Lors de la grossesse, certains dangers existent, mieux vaut être prévenue. En étant vigilante, vous passerez à côté de tout cela sans même vous en rendre compte...

Les maladies virales et infectieuses

Toutes les maladies virales ou infectieuses sont susceptibles d'être dangereuses pour votre enfant. N'hésitez pas à consulter votre médecin dès que vous sentez que quelque chose ne tourne pas rond. Bien souvent, mieux vaut être rassurée tout de suite pour ne pas s'angoisser inutilement.

La rubéole et la toxoplasmose sont deux maladies particulièrement dangereuses pour le fœtus (et donnent notamment des risques de malformations).

La varicelle ou encore le cytomégalovirus sont également à craindre.

La rubéole

Virale, la rubéole est une maladie de la petite enfance.

Les femmes non immunisées se voient en général proposer une vaccination : la contraception est poursuivie au moins trois mois après la vaccination pour éviter tout risque à un éventuel fœtus.

Si vous êtes enceinte et non immunisée, votre grossesse sera particulièrement surveillée. Il vous faudra :

- éviter tout contact avec une personne atteinte ;
- signaler toute éruption suspecte ;
- effectuer un contrôle par prise de sang chaque mois.

En cas de doutes, votre médecin vous prescrira un traitement. Sachez aussi que l'interruption de grossesse est autorisée jusqu'au 4e mois en cas d'infection réelle.

La toxoplasmose

La toxoplasmose est une infection due à un parasite. Elle peut passer totalement inaperçue ou provoquer une fièvre et des symptômes similaires à ceux de l'angine (avec notamment des ganglions).

Les femmes enceintes non immunisées doivent prendre des précautions particulières.

Prévention toxoplasmose, testez vos connaissances !

a. Je peux continuer à manger mon steak tartare.

Vrai – Faux

b. Je peux croquer une tomate tout en faisant mon marché.

Vrai – Faux

c. Je demande à mon chéri de changer la litière du chat.

Vrai – Faux

RÉPONSES

a. Faux. Halte-là, imprudente ! Faites-moi donc cuire cette viande ! Malheureusement, le parasite responsable de la toxo est véhiculé par les animaux, donc peut se trouver dans la viande. Heureusement, la cuisson le tue…

b. Faux. Lavez votre tomate avant de la manger. Le parasite, présent dans la terre, peut contaminer les fruits et les légumes. Le lavage très soigneux de ceux-ci permet d'éloigner le risque.

c. Vrai. Le chat est particulièrement accueillant pour le parasite. Si vous pouvez le garder chez vous, mieux vaut ne pas trop s'en approcher pendant la grossesse et s'abstenir de changer sa litière.

Votre médecin vous prescrira une prise de sang tous les trois mois pour vérifier l'absence de contamination.

Le cytomégalovirus

Le cytomégalovirus est un virus de la même famille que celui de l'herpès, qui se manifeste par une fièvre bénigne chez l'adulte et les enfants. Sur la femme enceinte, il peut avoir des répercussions plus graves. Les femmes qui travaillent au contact de jeunes enfants (en crèche, en maternelle) doivent observer des règles d'hygiène simples, mais efficaces (pas de contact avec la salive ou les selles) pour éviter une contamination.

Le diabète gestationnel

Cette forme de diabète est liée à la grossesse : il s'agit donc d'un problème transitoire. Cependant, il convient de le traiter pour éviter toutes ses conséquences (présentes et à venir, puisque ce diabète peut se répéter pour vos grossesses suivantes).

Les hormones émises par le placenta modifient la sécrétion de l'insuline par le pancréas, créant cette forme particulière de diabète.

Attention !

Il ne s'agit pas du diabète classique, que la femme qui souhaite procréer doit prendre en charge avant d'entamer une grossesse.

Les risques sont pour le bébé et pour vous : surpoids de l'enfant avec possibilité de malformations pulmonaires ; atteintes possibles pour les reins, les yeux et le cœur de la future maman.

On dépiste ce diabète en mesurant le taux de sucre dans votre sang et en détectant sa présence dans les urines.

Des signes peuvent vous alerter comme une soif permanente et des envies d'uriner très fréquentes. Le médecin prescrit alors un régime alimentaire où les apports de calories (et donc de glucides) sont contrôlés et répartis sur la journée. Si cela n'est pas suffisant, un traitement peut être prescrit.

Rhésus négatif de la maman

Votre rhésus est négatif ? Celui du futur papa est positif ?

Dans ce cas, le bébé a une chance sur deux d'avoir un rhésus positif lui aussi : son sang serait alors incompatible avec le vôtre.

Quel est le danger me direz-vous ? Eh bien, en laissant passer quelques-uns de ses globules dans votre sang, le bébé va déclencher une production d'anticorps (votre sang détecte un élément étranger… et il l'attaque !). Il n'y a pas de danger pour le bébé mais cela met en péril vos grossesses futures : vous seriez comme « vaccinée » contre le sang positif, vos anticorps franchiraient la barrière placentaire et viendraient détruire les globules rouges du bébé.

En cas de rhésus négatif, prévenez votre médecin (si vous ne connaissez pas votre rhésus, la prise de sang obligatoire en début de grossesse le déterminera) : des examens sanguins réguliers permettront de déterminer la présence d'anticorps dans votre sang.

À la naissance, si le rhésus de l'enfant s'avère positif, vous aurez droit à un vaccin « antirhésus + » qui bloquera la production d'anticorps.

Vive le progrès !

Des scientifiques parviennent aujourd'hui à déterminer le rhésus de l'enfant alors qu'il est encore dans le ventre de sa mère (en cherchant les rares globules rouges de l'enfant dans le sang maternel). Cela permet d'identifier les cas où le problème de rhésus se pose et de laisser tranquilles les mamans dont les enfants ont un rhésus identique au leur !

Grossesse extra-utérine

C'est un problème rencontré lorsque l'œuf fécondé se fixe en dehors de la paroi utérine : dans les trompes le plus souvent.

En se développant, l'œuf obstrue la trompe et peut la faire éclater. C'est pourquoi il est très important de repérer les symptômes pour éviter ce danger.

Quels sont les signes ?

Un test de grossesse positif, les malaises habituels… accompagnés d'une douleur violente et persistante, des saignements, etc.

Que faire ?

Une visite en urgence chez le gynécologue : si le problème est traité au plus tôt, il ne laissera pas de séquelles. Pour diagnostiquer la « GEU », le médecin demandera une confirmation de la grossesse par un test sanguin puis une échographie montrant l'absence d'implantation dans l'utérus.

Les traitements possibles sont d'ordre médical (on stoppe le développement de l'embryon grâce à un médicament), ou chirurgical (on incise la trompe pour retirer l'embryon ou bien on retire la trompe endommagée).

Après une grossesse extra-utérine, une nouvelle grossesse est possible, que la trompe ait été endommagée ou pas (l'autre trompe est toujours opérationnelle).

Quiz

Manger pour deux ? Manger mieux ?

1. Je fais des réserves, mon bébé va puiser dedans.

Vrai et faux. Votre enfant va effectivement puiser dans l'alimentation que vous consommez pour se nourrir. En revanche, ce n'est pas la peine de doubler les doses sous ce prétexte... En ayant une alimentation normale, équilibrée et variée, vous lui apporterez ce dont il a besoin sans faire de stocks dont vous auriez du mal à vous débarrasser une fois que votre locataire aura quitté les lieux.

2. Je mange beaucoup plus de laitages : il en faut, du calcium, pour bâtir ce petit squelette !

Vrai et faux. Il faut effectivement consommer des laitages pour que votre bébé ait un apport suffisant en calcium... Mais n'allez pas vous gaver de fromages ni boire des litres de lait pour cela. Un laitage à chaque repas est amplement suffisant.

3. J'aime le steak tartare, je continue à me faire plaisir !

Faux. Mieux vaut éviter la viande crue pendant la grossesse, notamment si vous n'êtes pas immunisée contre la toxoplasmose : certains germes peuvent être présents dans la viande crue ou insuffisamment cuite et entraîner des complications pour votre enfant.

4. Une petite goutte de champagne, j'y ai droit !

Faux. Pendant la grossesse, c'est zéro alcool. Même les petites doses traversent la barrière placentaire et ne sont pas recommandées pour votre bébé (bizarrement, c'est pendant cette période que tout le monde va vouloir trinquer avec vous pour vous féliciter ! Si certains insistent lourdement, « Ohhhh, rien qu'une goutte ! », dites-leur que cela vous donne la nausée et que vous risquez de vomir partout. Dissuasif au possible !).

5. Si je m'écoutais, je ne mangerais que du taboulé... Les envies, c'est normal !

Vrai et faux. Il existe un vrai mythe autour des « envies ». Autrefois, en des temps de carences, de mauvaise alimentation, les femmes enceintes pouvaient en effet éprouver l'envie de consommer tel ou tel aliment parce que leur corps en avait besoin. À des époques où la grossesse était moins sacralisée qu'aujourd'hui, les « envies » étaient même l'un des rares moyens d'attirer l'attention sur elles... Il n'empêche que vous pouvez vous accorder quelques plaisirs, tant que vous n'en abusez pas ! (Surtout si vous ne rêvez que de cornichons trempés dans du chocolat... Gare aux aigreurs !)

6. Je me gave de compléments vitaminés ! Plus il y en a, meilleur c'est pour mon bébé !

Faux. Une alimentation équilibrée est susceptible d'apporter tous les nutriments dont le bébé a besoin. Évidemment, si votre gynécologue décèle une carence ou qu'il a l'habitude de prescrire des compléments, vous les prendrez... mais ce n'est en aucun cas une obligation.

7. Il paraît qu'il faut que je mange plus de fibres...

Vrai. Les hormones de la grossesse agissent sur l'intestin en ralentissant son activité, entraînant une constipation qui peut devenir durable. Consommer plus de fibres et boire de l'eau sont de petites astuces qui permettent de lutter contre cette paresse intestinale fort désagréable...

8. J'ai le droit de prendre une collation ! Na !

Vrai. En effet, notamment si vous avez des nausées qui vous empêchent de manger votre ration en une seule fois, vous pouvez très bien garder votre dessert du déjeuner pour le goûter ! Il est également possible de prendre une collation pour éviter les « coups de pompe » et les fringales caractéristiques de la grossesse. Attention cependant à ce que vous entendez par collation : une pomme et deux biscuits font l'affaire... Pas deux pains au chocolat ou un banana split !

9. Je peux prendre plein de kilos. Je suis enceinte, quoi !

Faux. Nous ne vivons pas dans un monde merveilleux où les kilos s'envolent d'un coup de baguette magique (enfin, si vous savez sur quelle planète ce miracle est possible, dites-le tout de suite)... Théoriquement, vous avez le « droit » de prendre un kilo par mois (tout dépend évidemment de votre corpulence et de votre poids de départ). Sachez seulement que moins vous prendrez de poids, plus la vie sera facile après... Ajouter un régime aux nuits difficiles, à la fatigue chronique, au rythme soutenu des journées... ce n'est pas du gâteau !

Guide du bien manger en attendant bébé

Sujet ô combien important au quotidien, votre alimentation pendant ces neuf mois particuliers sera primordiale à la fois pour la bonne santé de votre enfant et pour préserver votre propre capital forme(s). Le but ne sera pas de modifier totalement vos habitudes alimentaires (enfin, si vous mangez n'importe quoi en général, ce sera une bonne occasion de revoir tout ça !), mais plutôt d'être attentive à vos besoins.

Idée reçue

Maman, belle-maman ou mamie vous diront : « Enceinte, il faut manger pour deux ! »

Répondez-leur que votre principe à vous est : « Enceinte, je mange deux fois mieux et non deux fois plus ! »

Gardez en tête ces quelques notions clés et faites du P.R.É.V votre mot d'ordre : **P**laisir – **R**aison – **É**quilibre – **V**ariété

(et non **P**anettone – **R**avioli – **E**squimaux – **V**iennoiseries).

Certains scientifiques ont montré qu'en réalité, le corps de la femme sait très bien s'adapter à la situation nouvelle qu'est la grossesse, en augmentant par exemple sa capacité d'absorption de certains nutriments afin de couvrir les besoins du bébé. Si ceux-là disent qu'il n'est pas nécessaire de modifier son alimentation, ou encore de prendre des compléments, il paraît pourtant intéressant de profiter de la grossesse pour recentrer son attention sur sa santé afin d'en faire profiter son bébé. Prises dans le rythme effréné de leur quotidien, certaines femmes négligent souvent leur hygiène de vie. Si le fait de surveiller leur alimentation pour veiller à la santé de leur bébé permet à ces futures mamans de prendre soin d'elles, si cette prise de conscience a pour effet un bien-être physique et psychologique... alors, tant mieux !

De quoi ai-je besoin pour fabriquer un beau bébé ?

Aussi petit soit-il, Bébé puise toutes ses ressources dans votre corps. À vous de lui apporter tout ce dont il a besoin afin qu'il n'aille pas pomper dans vos réserves et vous faire de belles carences (il n'aura aucun scrupule, le coquin ! Sa survie passe avant tout !)...

Pour observer une alimentation variée et équilibrée, il vous faut...

... des protéines

Elles sont indispensables au fonctionnement de notre organisme. Principaux constituants de nos muscles, elles sont des éléments « bâtisseurs » et interviennent dans de nombreuses fonctions du corps. Elles contribuent à la « construction » du fœtus et tiennent notamment un rôle important dans la formation de son cerveau.

Où les trouver ?

- Dans la viande, le poisson, les œufs, les laitages, le fromage, etc.
- Elles peuvent aussi être d'origine végétale, comme dans les légumes secs, appelés également légumineuses (haricots blancs, pois chiches, lentilles, etc.), les céréales, le soja (non pas les germes que l'on connaît dans la cuisine asiatique mais la graine qui est utilisée pour le lait de soja, le tofu, etc.).

Astuces santé

- L'idéal serait de combiner protéines végétales et animales : pensez aux plats qui les associent comme le couscous (eh oui ! pois chiches et poulet, c'est tout bon), les quiches aux légumes, la paella, le hachis parmentier, etc. Le tout en quantités raisonnables, mais ça, ce n'est même pas la peine de le préciser...
- La viande rouge vous est conseillée, mais il est nécessaire de prendre quelques précautions : ne la consommez pas crue, au contraire, faites-la bien cuire (tant pis pour les carpaccio, vous vous rattraperez après !).
- Foncez sur les viandes maigres : blancs de poulet, de dinde, etc.
- Si vous aimez la charcuterie, contentez-vous de jambon blanc : les saucissons et autres cochonnailles sont en général très salées et grasses donc peu conseillées pour vous.

... des glucides

Ils fournissent l'énergie au corps comme un véritable carburant et sont notamment indispensables pour le fonctionnement des neurones. Le bébé en est un très grand consommateur d'autant plus qu'il ne peut en faire beaucoup de réserves : il va donc tout puiser dans votre sang et causer chez vous hypoglycémies (donc fringales) et autres nausées.

Où les trouver ?

- Dans les féculents : pommes de terre, pâtes, pain, céréales, riz, légumes secs, etc. Ce sont alors des glucides complexes ou « sucres lents », c'est-à-dire que leur digestion se fait de manière régulière et prolongée.
- Dans les fruits, le lait (le sucre qu'il contient s'appelle alors le lactose).

- Dans les aliments contenant du sucre (pâtisseries, confiseries, biscuits, boissons sucrées, etc.). Il s'agit alors de sucre simple, à effet rapide : très vite digéré, il donne un coup de fouet et procure une énergie immédiatement disponible.

Astuces santé

- Préférez une alimentation riche en sucres complexes qui permettra à bébé de puiser en continu dans vos réserves sans vous infliger de coups de pompe.
- Répartissez équitablement votre ration quotidienne au cours de la journée : en prenant par exemple un morceau de pain d'environ 80 g (ou 6 biscottes) à chaque repas, vous serez sûre de couvrir vos besoins.
- Vous pouvez bien sûr vous autoriser un petit plaisir sucré de temps en temps (une part de tarte, un morceau de gâteau, une glace, etc.). Se faire plaisir, c'est important pour le bien-être. Essayez simplement de limiter ces « écarts » en quantité et en nombre.

… des lipides

Elles sont utiles au bon fonctionnement des tissus nerveux, et en particulier ceux du cerveau. Le bébé en a donc un grand besoin pour constituer tout son système nerveux, sa vue et favoriser sa croissance.

Où les trouver ?

- Les acides gras se trouvent essentiellement dans les huiles végétales que l'on utilise en assaisonnement. Colza, olive, soja, tournesol, noix, germe de blé, pépin de raisin… elles sont nombreuses et peuvent se combiner pour profiter d'un maximum de bienfaits.

- On trouve également des acides gras dans le beurre (très intéressant également pour sa vitamine A), dans la crème fraîche.
- Les poissons gras (harengs, saumon ou truite, maquereaux, sardines...) sont riches en acides gras insaturés, excellents pour votre santé et celle de Junior.

Astuces santé

- Notre alimentation est en général assez riche en graisses cachées : charcuteries, sauces, fritures, chips... sont autant de sources de lipides peu intéressantes au niveau diététique et qui pèsent lourd sur la balance.
- Nous avons besoin de l'équivalent de deux cuillères à soupe d'huile par jour (l'assaisonnement de votre salade !) pour couvrir nos besoins : essayez alors d'utiliser des corps gras de grandes qualités nutritives pour profiter de leurs bienfaits sans apporter de calories excessives.
- Variez les huiles et pour cela, achetez-les en petites quantités : les grandes bouteilles risquent de rancir avant que vous ne les ayez utilisées. Vous pouvez également les conserver au réfrigérateur pour mieux les préserver.
- Évitez au maximum les graisses cuites, indigestes et souvent nocives : préférez les cuissons à la vapeur qui ne nécessitent aucune graisse supplémentaire.

... des fibres

Jouant un rôle essentiel dans la lutte contre la constipation, elles favorisent votre transit intestinal fortement ralenti sous l'influence des hormones de la grossesse.

Pour votre bien-être digestif, mangez des fibres !

Où les trouver ?

- Dans les fruits frais et secs, les légumes frais (verts de préférence) et secs, mais aussi dans les céréales complètes (notamment le son de blé).
- Vous les trouverez en grande proportion dans les céréales pour petit déjeuner « spécial transit ».

Astuces santé

- Attention : assez irritantes pour les intestins, l'excès de fibres peut aussi vous causer de petits désagréments digestifs, ballonnements, gaz, douleurs… dont vous n'avez certainement pas besoin en ce moment !
- Pour introduire un supplément de fibres dans votre alimentation habituelle, procédez par paliers : un pruneau et une tranche de pain complet suffisent au début pour augmenter votre consommation sans engendrer trop de gêne.

… de l'eau !

Vous avez toujours entendu dire qu'il faut boire environ 1,5 litre d'eau par jour en temps normal (d'ailleurs, vous n'en prenez souvent pas plus de la moitié sur la journée…). Eh bien, à partir de maintenant, il faudrait passer à 2 litres par jour ! Si vous allaitez plus tard, vous sentirez que c'est une nécessité absolue. Donc efforcez-vous de prendre cette habitude…

Ai-je des besoins spécifiques ?

Même si la grossesse n'est pas une maladie, elle est comme une période entre parenthèses qui demande une attention particulière en réponse à des besoins bien précis. Si votre alimentation est équilibrée et variée, elle devrait couvrir tous vos besoins.

Cependant, la consommation de fer, de calcium et d'oligo-éléments doit notamment être régulière et suffisante.

Le fer

Les besoins en fer sont surtout augmentés au cours des 6 derniers mois (il est nécessaire à l'oxygénation du sang et des cellules... or celles de bébé augmentent de jour en jour...). Les femmes ont, en général, peu de réserves et les anémies sont donc fréquentes (elles peuvent provoquer des prématurités et des retards de croissance).

C'est pourquoi il est souvent nécessaire d'avoir recours à un complément : votre médecin vous prescrira sans doute des comprimés mais en privilégiant les aliments riches en fer, vous serez sûre de vous constituer un capital solide.

Où les trouver ?

- Dans la viande rouge, les abats (foie de veau par exemple), le boudin noir, mais aussi les œufs, le poisson.

Désolée de casser le mythe... mais les épinards de Popeye ont une réputation usurpée, car s'ils en contiennent, le fer se présente sous une forme difficile à assimiler.

Astuces santé

Attention, l'absorption du fer dépend des autres aliments qui composent votre assiette ! Il faut savoir que la vitamine C favorise son assimilation alors que le thé, le café et certaines fibres la ralentissent. Alors, pour mettre tous les atouts de votre côté, prenez un jus d'orange avec votre steak et oubliez les excitants (mais ça, vous le faisiez déjà !).

Le calcium

Vous savez qu'il est bon pour vos propres os et qu'il permet la prévention de l'ostéoporose. Enceinte, il vous est indispensable pour vous protéger contre les risques d'hypertension artérielle. Il est également important pour enrichir le futur lait maternel et il pourrait même prévenir le fameux baby-blues (que demander de mieux ?)... Il est surtout indispensable pour permettre à votre bébé de se fabriquer un squelette en béton et des dents en acier trempé. Sachez que si vous n'anticipez pas sa demande, il ira se servir dans votre capital osseux !

Où les trouver ?

- Dans le lait, les laitages, le fromage.

1000 mg à 1200 mg sont nécessaires par jour, soit :

- 1/2 litre de lait ou
- 60 g de fromage (1/4 de camembert) ou
- 4 yaourts ou
- 600 g de fromage blanc

- Dans une moindre mesure, on trouve aussi du calcium dans le poisson, les crustacés (crevettes et moules), certains légumes (choux frisé, brocolis), certaines eaux minérales... et les aliments diététiques enrichis en calcium.

Astuces santé

- La sagesse médicale vous conseille de doubler l'apport nécessaire au bébé pour couvrir l'ensemble de vos besoins avec 300 mg de plus par jour durant toute votre grossesse. Et de le multiplier encore par deux pendant l'allaitement.
- Vous consommez plus de calcium ? Bravo ! Encore faut-il le fixer... En effet, l'absorption de cet oligo-élément n'est que partielle à travers la paroi intestinale. Or, elle est boostée par la vitamine D (qui, comme on le sait, est synthétisée grâce à l'action du soleil sur la peau) et le phosphore.

- Pour schématiser, manger du poisson à la terrasse d'un café ensoleillé, c'est tout bon pour vous !
- Si vous ne digérez pas le lait, prenez votre calcium sous forme de laitages ou de fromages.

Les vitamines et autres oligo-éléments

Une alimentation équilibrée, saine et variée doit couvrir l'ensemble de vos besoins vitaminiques, même si ceux-ci sont accrus pendant la grossesse.

Pourtant, la vitamine B9, appelée également acide folique, peut faire défaut aux futures mamans : l'enfant en a un grand besoin et les réserves des femmes sont en général à vide… Cette vitamine est nécessaire pour la croissance du fœtus et notamment pour la bonne formation de son système nerveux, et ce, dès les premières semaines de vie.

De même, la vitamine D, surtout nécessaire à partir du 3e trimestre, est très importante pour la fixation du calcium chez le bébé, et ainsi pour la prévention du rachitisme. Les femmes étant souvent carencées, il est essentiel de veiller à ce que l'enfant ait ses besoins couverts.

C'est pourquoi votre médecin pourra vous prescrire un complément pour éviter toutes carences. Vous pouvez également enrichir votre alimentation en folates et en vitamines B9 et D afin de constituer de bonnes réserves.

Où les trouver ?

- Les légumes à feuilles vertes (épinards, salade, cresson, etc.) sont riches en acide folique. Vous en trouverez également beaucoup dans la levure alimentaire (au rayon diététique, à saupoudrer sur vos aliments), mais aussi dans le foie gras (enfin une bonne raison d'en manger sans culpabiliser !), le brie, le jaune d'œuf.

- Pour consommer un maximum de vitamine D, prenez des œufs, du beurre, du foie, du poisson gras... mais aussi de l'huile de foie de morue (pour éviter cette torture, on la trouve en gélules, sans goût ni odeur !)

Astuces santé

Attention ! La vitamine B9 est très sensible à la chaleur et sera en partie détruite par la cuisson. N'hésitez donc pas à manger une salade Caesar aux épinards crus !

Existe-t-il des aliments à risque pour la femme enceinte ?

En temps normal, une petite intoxication alimentaire peut passer presque inaperçue ou vous apporter quelques désagréments passagers. Enceinte, les conséquences peuvent être beaucoup plus graves sur l'organisme de bébé, si fragile et si perméable à tout danger extérieur.

Pas de panique ! Pour éviter tous les risques, il suffit de prendre quelques précautions, simples et efficaces.

La toxoplasmose et la listériose représentent les dangers les plus importants. Pour ne pas les rencontrer, vous veillerez à :

- Vous laver les mains soigneusement avant de manger.
- Nettoyer régulièrement votre réfrigérateur avec un produit antibactérien.
- Bien laver les fruits et légumes avant de les consommer.
- Manger votre viande bien cuite.
- Éviter les aliments porteurs de germes tels que le lait cru et donc les fromages qui en contiennent.

- Retirer les croûtes des fromages.
- S'abstenir de charcuterie telles que les rillettes, les pâtés, les produits en gelée.
- Consommer le saumon et la truite frais mais non fumés.

Faisons le point sur les interdits !

Des interdits ? Non point. Personne ne viendra vous arrêter, prise en flagrant délit avec un verre de vin à la main ou une cigarette au bec... La brigade-de-surveillance-des-futures-mères-fautives n'existe pas, et tant mieux ! En revanche, il y a en effet des aliments et autres substances très fortement déconseillés... Donc, en votre âme et conscience... mieux vaut les éviter pendant neuf mois !

- Alcool et tabac sont vraiment nocifs pour le bébé : ils augmentent le risque de prématurité et de faible poids de l'enfant à la naissance. Depuis octobre 2007, un pictogramme « Zéro alcool pendant la grossesse », placé sur les bouteilles d'alcool, permet de sensibiliser les femmes enceintes aux risques pris, car même une consommation modérée est néfaste. Neuf mois sans une goutte de champagne... c'est dur, mais c'est faisable !
- Haro sur les excitants ! Thé, café, cola... font augmenter le rythme cardiaque (celui de la mère et celui de l'enfant). Un petit noir de temps en temps, on vous l'accorde... mais on arrête de les enchaîner ! Attention ! il y a un peu de caféine dans le chocolat... On n'en abuse pas non plus !
- Les produits à base de soja contiennent des phyto-œstrogènes qui peuvent perturber votre système hormonal et celui du bébé : on ne consomme pas plus d'un produit au soja par jour.

- Les produits spéciaux pour les problèmes de cholestérol sont à écarter également : ils contiennent des phytostérols qui peuvent également être nocifs.
- Le foie : il concentre de fortes doses de vitamine A, ce qui peut représenter des risques pour le fœtus… On attend un peu pour en consommer de nouveau.
- Si vous avez un terrain allergique, évitez les cacahuètes… qui occasionnent souvent des allergies alimentaires.

Et les édulcorants ? Et les allégés ?

Rien ne prouve aujourd'hui que la consommation de ces produits peut avoir des conséquences sur le bébé. Chacune fera donc comme elle le souhaite. Pourtant, pour être sûre de ne prendre aucun risque, mieux vaut peut-être manger moins de beurre, mais en choisir un de très bonne qualité, ou verser quelques grammes de « vrai sucre » dans son yaourt nature plutôt que de prendre un laitage au goût artificiel…

La question qui fait mal : comment ne pas trop grossir ?

Avouons-le, c'est la question que toutes les femmes se posent, celle qui fait peur et qui génère le plus d'inquiétude quant à l'après-bébé.

Celles qui, en temps normal, gardent un poids constant, qui savent modérer leur appétit, qui ont une activité physique régulière, n'auront sans doute pas trop de difficultés à surveiller leur alimentation. Les obsédées du régime, celles qui prennent le départ avec quelques kilos en trop, auront peut-être plus de mal à maîtriser leur prise de poids. Or, la grande majorité des femmes a des rapports conflictuels avec sa balance. La grossesse se transforme alors en une épreuve, prendre des kilos peut être mal vécu et la pesée mensuelle chez le médecin devenir un calvaire.

Évidemment, être enceinte signifie grossir : il faut bien qu'un enfant de plus ou moins 3 kilos et tout le kit qui l'accompagne (poche des eaux, placenta, seins pleins de lait maternel, etc.) se casent quelque part ! Voilà un fait qu'il faut accepter.

Pourtant, quelle épreuve de se surveiller au quotidien ! Qu'il est difficile de lutter contre les fringales (que les futures mamans qui ne se sont jamais réveillées à deux heures du matin pour se faire un petit sandwich lèvent la main !).

Les risques de la prise de poids excessive ne concernent pas seulement l'esthétisme de votre silhouette future, ils concernent également votre santé et donc celle de votre bébé.

Vos médecins (gynéco, obstétricien, etc.), votre sage- femme, votre chéri, votre bonne copine mince comme un haricot vert après son troisième enfant (vous la détestez celle-là), vous diront...

Prendre trop de poids est dangereux pour la maman et pour le bébé : risque de diabète gestationnel, fatigue accrue, difficultés pour se lever, marcher, etc., surpoids pour vos articulations, notamment les genoux, difficultés lors de l'accouchement, récupération compromise de sa taille de jeune fille : toute une garde-robe à ranger au grenier et toute une autre à racheter.

Alors, que faire ?

Vous êtes parfaitement consciente du défi que vous aurez à relever. Et s'il est très facile de donner des conseils, il est beaucoup plus fastidieux de les suivre (ndlr : j'en connais même une qui ferait mieux de ne pas trop donner leur avis, si vous voyez ce que je veux dire, au vu de leur propre prise de poids pendant leur grossesse…). Pourtant, il serait raisonnable d'observer quelques règles de base. Lisez-les, essayez de les mettre en pratique, et puis… faites comme vous pouvez !

- Sachez que lors du premier trimestre de la grossesse, la prise de poids doit être négligeable : à partir du 4e mois, elle passe à une moyenne de 1,5 kilo par mois. Les dernières semaines, le bébé s'enrobe de jour en jour et l'aiguille de la balance avance…

- La sagesse veut qu'une femme enceinte prenne entre 9 et 12 kilos. Tout dépend évidemment de votre poids de départ.

- N'hésitez pas à vous faire suivre par un(e) nutritionniste si vous sentez le besoin d'être aidée.

- Ne prenez pas votre balance en grippe : se peser une à deux fois par semaine suffit amplement.

- Enceinte, tout régime vous est INTERDIT. Aucune restriction alimentaire n'est possible, au risque d'entraîner carences et retard de développement. En revanche, vous pouvez surveiller votre alimentation pour qu'elle soit équilibrée et veiller à ne pas faire trop d'excès. En résumé, mangez de tout, mais en quantités raisonnables.

Conseils

On est toujours épatée de voir des jeunes mamans sveltes… mais celles qui rentrent dans leur jean taille basse dès leur retour de la clinique sont plutôt rares. Il faudra sûrement quelques mois avant de retrouver votre ligne, et peut-être n'y parviendrez-vous jamais.

Connaissez-vous l'expression populaire qui dit « Neuf mois pour les prendre, neuf mois pour les perdre… » ?

C'est pourquoi, épargnez-vous des efforts futurs en essayant de maîtriser votre prise de poids : il est plus facile de ne pas grossir que de maigrir !

Questions en vrac

- **J'ai l'habitude de prendre des sucrettes. Puis-je continuer pendant ma grossesse ?**

  Malgré différentes études alarmistes (la consommation d'aspartame ferait augmenter le risque d'accouchement prématuré), l'Anses (agence française de sécurité de l'alimentation) ne donne pas pour l'instant de consignes pour les femmes enceintes. La prudence est donc de mise en attendant les résultats définitifs des évaluations… N'hésitez pas à poser des questions à votre médecin. De plus, le sucre est nécessaire à votre équilibre alimentaire. Pourquoi ne pas profiter de ses apports, mais en quantités raisonnables ? (NB : vous pouvez répartir sur la journée l'équivalent de 6 morceaux de sucre. Mais attention aux aliments qui en contiennent sans que vous les comptabilisiez !).

- **Je suis végétarienne. Comment faire pour ne pas avoir de carences ?**

  Si vous ne consommez ni viande ni poisson, vous devez avoir l'habitude de compenser en prenant des œufs, des protéines végétales, des laitages, etc. Ce type de régime n'est donc pas proscrit, en revanche, soyez encore plus vigilante sur l'équilibre de vos repas.

  Les régimes végétaliens, qui excluent toutes sources de protéines animales, sont à l'inverse dangereux parce qu'ils compromettent le bon développement du fœtus.

- **Puis-je boire l'eau du robinet ?**

  Sans problème si elle est potable ! Si vous avez l'habitude de consommer de l'eau minérale, vous pouvez en profiter pour choisir des eaux enrichies en magnésium, en calcium... c'est toujours ça de pris !

- **J'ai des nausées épouvantables et ne peux rien manger. Comment faire ?**

  Essayez de profiter de vos moments de répit pour prendre des aliments intéressants au niveau nutritif : protéines, légumes ou fruits frais. Tentez de ne pas grignoter des biscuits, des bonbons ou autres *junk food* qui ne vous apporteront que des calories sans vous nourrir vraiment.

Menu type d'une journée de future maman

Vous étiez habituée à grignoter un morceau de pain avec du fromage en guise de déjeuner ? Vous avez l'habitude de manger des barres chocolatées en buvant un soda pendant la pause au bureau ? Vous sautez allègrement le petit déjeuner pour avoir le temps de vous faire un brushing ?

Vous ne pouvez plus continuer comme ça !

Voici quelques idées de menu auxquelles vous pourrez vous référer afin de combler tous vos besoins et ceux de votre enfant.

Petit déjeuner

- Un fruit frais ou un jus de fruit (sans sucre ajouté).
- Un verre de lait ou un morceau de fromage ou un yaourt.
- Une boisson chaude (légère, évitez l'expresso !) avec un sucre.
- Trois tranches de pain complet (blanc si vous digérez mal les fibres) ou un petit bol de céréales ou des biscottes.
- Un peu de beurre (10 g environ, les petites plaquettes individuelles sont parfaites !).

Facultatif :

- Un petit peu de confiture.
- Une tranche de jambon ou un œuf.
- Si cela vous semble trop, gardez un élément de votre petit déjeuner pour en faire une collation en milieu de matinée.

Collation

- Un laitage ou un yaourt peu sucré ou un élément de votre petit déjeuner que vous auriez gardé.

Déjeuner

- Une assiette de crudités (les plus fraîches possibles !).
- Assaisonnement avec une cuillère d'huile et un jus de citron par exemple.
- 100 g de viande environ (un steak haché, un morceau de poulet, une tranche de foie de veau, etc.) ou 200 g de poisson ou 2 œufs (pas plus de deux fois par semaine).

- Un peu de pâtes, ou de riz, de couscous (2 ou 3 cuillères à soupe).
- Un morceau de fromage ou un laitage.
- 3 tranches de pain complet.
- Un fruit.

Goûter

La même chose que pour la collation du matin.

Dîner

- Une soupe de légumes ou une jardinière, une ratatouille, etc.

  (Astuce pour une soupe « maison » : prenez des légumes de saison, par exemple 2 carottes, 2 courgettes, 2 poireaux, 2 pommes de terre, lavés, épluchés et détaillés en gros morceaux. 600 ml d'eau pour deux personnes additionnée d'un bouillon cube végétal. Faites cuire le tout à la cocotte minute environ 15 minutes. Mixez. Ajoutez une noix de beurre… délicieux, non ?)

- Quelques cuillerées de lentilles, de pois chiches ou de haricots blancs (que l'on peut ajouter à la soupe par exemple).
- Deux tranches de jambon, un morceau de poisson ou un peu de viande.
- Un yaourt ou équivalent.
- Un morceau de tarte aux pommes ou une compote.

MAIS ALORS, POURQUOI TU PLEURES, PAULINE ?
Y'A UN PROBLÈME AVEC LE BÉBÉ ?

MAIS NOOOOON ! JE PLEURE PARCE QU'IL EST
TROP BEAUUUUU !

TU ES DÉJÀ COMPLÈTEMENT GÂTEUSE !

NE TE MOQUE PAS DE MOI, LÉNA !
JE VOUDRAIS BIEN VOIR TA TÊTE QUAND
TU VAS DÉCOUVRIR L'IMAGE DE TON BÉBÉ...

BON... JE VEUX BIEN QUE ÇA SOIT ÉMOUVANT...
MAIS DE LÀ À TOMBER EN EXTASE...

OH... IL EST TROP CHOU AVEC SES PETITS DOIGTS,
SES PETITES MIMINES, SES PETITS PETONS...

JE TE LAISSE, JE VAIS ÊTRE EN RETARD.
JE T'APPELLE POUR TE DIRE SI LE MIEN
EST AU COMPLET AUSSI !

Mois 3

Un vrai petit d'homme !

Vous êtes plutôt...?

La cool *Oh, mais c'est un vrai bébé !*

Jusqu'à présent, vous nagez dans l'abstrait. Vous êtes enceinte, soit. Mais hormis les petits troubles classiques, vous n'arrivez pas à réaliser complètement ce qui est en train de se passer. Votre avenir avec ce bébé vous semble encore très flou : il est encore difficile de l'imaginer, de faire des projets avec lui et même de préparer son arrivée. Avec son papa, vous avez l'impression de vivre « comme avant » et souhaitez en profiter encore un peu.

Effectivement, Bébé n'est pas encore là et pour l'instant, il est si petit qu'il ne vous gêne pas pour mener votre vie habituelle. Pourtant, ce mois-ci, vous allez le découvrir sur l'écran de l'échographie : sans doute que ces images vont agir comme un électrochoc ! Moins virtuel, votre bébé passera rapidement au premier rang de vos préoccupations.

La sereine *Vous me faites un tirage couleur, docteur ?*

Sophie vous a dit « Tu vas voir, c'est bouleversant. Des images d'échographies, tu en as déjà vu des dizaines. Mais quand c'est en direct, c'est bluffant ! » Maintenant, vous êtes impatiente de vivre ces instants si chargés en émotion... pourvu que vous ne soyez pas déçue !

L'échographie est une révolution pour les femmes qui ont eu la chance d'en bénéficier (depuis 1975 en France). Pensez un peu à vos grands-mères et vos mères qui ne savaient rien de ce qui se passait dans leur ventre !

La paniquée *Alors docteur, tout est OK ?*

Longueur crânio-caudale, diamètre bi-pariétal, clarté nucale... vous vous êtes tellement renseignée sur l'échographie qu'il s'en fallait de peu pour que vous ne preniez vous-même les mesures de Prunelle-de-vos-yeux ! Certes, voir son bébé est un moment magique, mais il ne faut pas oublier qu'il s'agit avant tout d'un examen médical... et qu'il peut révéler des anomalies ! Du stress en perspective.

Allez, détendez-vous !

Le médecin va étudier de près la santé de votre enfant, sa vitalité et sa morphologie... l'examen ne dure pas longtemps et vous devrez attendre de longues semaines avant le suivant. Alors, soyez zen et profitez pleinement de ce moment inoubliable !

Ce qui se passe pour Bébé

De la 11e à la 15e SA, de la 9e à la 13e SG

Depuis quelques jours, tous les organes de Bébé sont en place : à partir de maintenant, la différenciation des tissus va ralentir... mais leur croissance va s'accélérer follement ! On peut dire qu'à partir de là, le fœtus devenu embryon ne fera que grandir jusqu'à sa naissance, tout d'abord en multipliant le nombre de ses cellules (jusqu'à la 30e semaine) puis en voyant la taille de celles-ci augmenter.

11e semaine d'aménorrhée *9e semaine de grossesse*

Le voilà qui pousse à vue d'œil ! Sa tête commence à se redresser. Son cœur, dont le battement est bien distinct de celui de sa mère, a une vitesse de 110 à 160 pulsations par minute.

À ce moment-là, bébé pèse environ 10 g et mesure 5,5 cm.

12e semaine d'aménorrhée *10e semaine de grossesse*

La croissance et la maturation continuent. Les bourgeons de ses dents définitives se mettent en place. Ses reins fonctionnent : bébé absorbe du liquide amniotique, ses reins le filtrent et bébé urine dans le liquide qui l'entoure. Maintenant, les mouvements sont de plus en plus amples : vous ne les percevez toujours pas, mais si vous saviez quels sauts de cabri et quelles pirouettes votre petite crevette est en train de faire ! Un vrai acrobate !

13e semaine d'aménorrhée *11e semaine de grossesse*

Le visage de votre enfant se précise : ses yeux se rapprochent, les oreilles prennent leur place, le nez se dessine et le menton se structure. Tout son visage est déjà bien reconnaissable !

Les tissus cartilagineux se développent pour commencer à se transformer en os. Poursuivant sa croissance, l'embryon mesure maintenant 7,5 cm et pèse 28 g (on ne peut pas vraiment dire que cela soit lui qui pèse lourd dans les 3 ou 4 kilos que vous avez déjà pris...).

14e semaine d'aménorrhée *12e semaine de grossesse*

Bébé acquiert une particularité typiquement humaine : ses empreintes digitales se dessinent. Elles seront uniques, et identiques tout au long de sa vie !

La production des cellules sanguines par la moelle osseuse débute. Ses glandes sexuelles commencent à produire des hormones qui vont permettre la maturation des organes sexuels externes : s'il s'agit d'un petit garçon, le pénis peut déjà se distinguer à l'échographie.

15e semaine d'aménorrhée *13e semaine de grossesse*

Les sens et les réflexes se développent : Bébé ouvre et ferme les poings quand il se heurte aux parois de l'utérus. Il commence même à téter ! Apparemment, il serait sensible à la saveur sucrée du liquide qui l'entoure.

Sa taille est maintenant de 11 cm et son poids de 65 g.

Focus sur le placenta : un nid douillet et fonctionnel !

Vers la fin de la 12e semaine, le placenta a achevé sa formation. Ce tissu « annexe », véritable intermédiaire entre l'enfant et la mère, possède des qualités tout à fait exceptionnelles, dans son rôle à la fois nourricier et protecteur. Un vrai bijou de technologie !

Issu de l'implantation de l'œuf dans l'utérus (qui a lieu dès le 7e jour de grossesse) et du développement des connexions entre les deux éléments, le placenta ressemble à une plaque spongieuse d'environ 20 cm de diamètre et de 3 cm d'épaisseur. Il s'agit d'un réseau vasculaire, formé de milliers de membranes repliées sur elles-mêmes (appelées villosités) qui, si on les dépliait, mesureraient 50 km de long !

Accroché à l'utérus, il se prolonge du côté de l'enfant par le cordon ombilical.

Quel est son rôle ?

Par l'intermédiaire du placenta, Bébé trouve sa nourriture et son oxygène. Imaginez une membrane qui sépare le sang maternel du sang du fœtus : à travers elle, passent les éléments nécessaires. C'est aussi par ce même trajet, en sens inverse, que sont rejetés tous les déchets et autres toxines que l'enfant produit. Il s'agit donc d'un véritable échange entre le sang de la mère et celui de son bébé (mais qui ne se mélangent jamais).

Le placenta est également producteur d'hormones qui permettent de maintenir et de mener à bien la grossesse.

Enfin, cet organe tient aussi lieu de barrière protectrice en retenant les bactéries.

En revanche, les virus peuvent le traverser, tout comme les drogues, l'alcool, les médicaments, le tabac...

Petits soucis ?

Il peut arriver que le placenta s'implante trop bas dans l'utérus : on appelle cette anomalie « placenta praevia ». Avec les contractions de l'utérus, le placenta a alors des risques de se décoller, provoquant des saignements. Il est possible qu'au cours des semaines, celui-ci remonte dans la matrice mais ce problème est à surveiller de près : le médecin ordonnant alors du repos et un contrôle régulier.

Si le placenta se positionne très près du col de l'utérus, allant même jusqu'à le recouvrir, il fera obstacle à la naissance, imposant alors une césarienne.

Ce qui se passe pour vous

De la 11e à la 15e SA, de la 9e à la 13e SG

Vous vous épanouissez !

Pour fournir tout ce dont votre enfant a besoin, votre corps passe au régime supérieur : c'est l'ensemble de vos fonctions vitales qui se mettent en œuvre pour fabriquer ce petit ! Votre cœur bat plus vite, vos reins filtrent plus de liquide, vos poumons doivent prendre plus d'oxygène et rejeter plus de gaz carbonique !

Même si votre corps est tout à fait prêt à subir cette montée en puissance, vous sentez nettement que l'usine s'est mise en route et qu'elle doit carburer.

Votre utérus a maintenant le volume d'un pamplemousse : il s'est redressé et remonte dans la cavité abdominale. Il est désormais facile de le palper derrière le pubis. De profil, on remarque un petit renflement de votre ventre. Votre taille s'est presque effacée. D'ailleurs, vous commencez à avoir du mal à entrer dans vos pantalons : surtout, ne vous comprimez pas ! Pensez dès maintenant à acheter des vêtements adaptés.

Vos seins ont pris un volume qui restera à peu près identique jusqu'à la naissance (avant la montée de lait). Leur aréole est sûrement plus foncée.

Il se peut que vous voyiez se former une ligne brune ou légèrement bleutée, partant du pubis et allant jusqu'au nombril. Pas de panique, celle-ci disparaîtra progressivement après l'accouchement.

Plus difficile à vivre, la zone de votre bas-ventre verra peut-être sa pilosité se développer et laisser éclore quelques poils disgracieux (merci encore les hormones !). Bien sûr, vous pourrez retirer les plus longs et les plus mal placés, mais pitié, n'entrez pas dans l'engrenage infernal de l'épilation ! D'autant plus que bientôt, vous ne verrez plus ce qui se passe sous votre nombril...

Les vêtements de grossesse

Quel bonheur de pouvoir être enceinte en restant une fashionista ! Aujourd'hui, la grossesse n'est plus synonyme de vêtements moches et informes ou de boutiques spécialisées proposant des modèles tristes et chers : grâce aux collections « femmes enceintes » des grandes enseignes (Zara, H&M, C&A...) venues étoffer l'offre déjà disponible, il est facile de s'habiller, même en version Big Mama. Avec de bons basiques et quelques pièces tendances, la grossesse n'est plus l'enfer modesque qu'elle pouvait être il y a quelques années.

Mention spéciale aux « kits de grossesse » qui proposent différents éléments (legging, jupe, T-shirt, etc.) à mixer pour plusieurs combinaisons !

Comment faire votre choix ?

Évidemment, au début, vous aurez besoin de quelque chose d'un peu plus ample que vos fringues habituelles, mais pas forcément de vêtements particuliers. Vous pourrez alors porter des caleçons, des jupes à la taille élastique, des robes fluides. Des T-shirts un peu amples, des tuniques ou chemisiers d'une taille supérieure à la vôtre vous permettront de tenir jusqu'à ce que votre silhouette ne vous trahisse vraiment.

Ensuite, vous aurez sans doute besoin d'au moins deux pantalons passe-partout (un jean spécial grossesse est un vêtement quasi indispensable !), que vous pourrez porter jusqu'au terme.

Pour les saisons fraîches, une veste dont la taille peut se régler est bien pratique. Évidemment, finir sa grossesse pendant l'été est un avantage : les djellabas, paréos, et autres petites robes légères sont très agréables à porter.

À méditer

Franchement, il est râlant d'investir beaucoup d'argent pour des vêtements que vous ne porterez pas très longtemps. Préférez prendre des basiques (un jean, un pantalon noir, quelques tops aux couleurs neutres) et foncez sur les accessoires : plusieurs ceintures de grossesse colorées, des foulards noués autour du ventre, une broche rigolote ou un collier qui met votre visage en valeur.

À pleurer

À la fin, vous aurez ces vêtements en horreur. Forcément, vous les aurez usés jusqu'à la corde en les portant même après votre accouchement (eh oui, préparez-vous psychologiquement. Les tops qui dévoilent le nombril, ce n'est pas pour demain). Vous n'aurez qu'une envie: les JETER! Si vous êtes prévoyante, vous les mettrez de côté pour une future grossesse ou les prêterez à une amie (tiens ma chérie, je te passe mon pantalon taille 58!), en espérant qu'en étant de nouveau enceinte, vous verrez ces vêtements avec un œil nouveau...

Mention spéciale pour les culottes!

Très vite, la question cruciale va se poser: vais-je porter un joli petit slip qui restera sous mon ventre ou bien choisir une bonne grosse culotte qui montera jusqu'à mon nombril?

Alors là, tout est une question de confort... Évidemment, la sensation d'être un peu maintenue par la culotte est bien agréable, même si, au niveau esthétique... ça laisse à désirer!

À vous de trouver un compromis entre le confort de votre bedaine et celle des yeux qui vous verront: pour aller chez le médecin, se déshabiller devant votre compagnon, vous plaire... vous porterez un slip. Pour vous prélasser dans un bon caleçon bien confortable, vous détendre et dormir, vous pourrez enfiler votre grande culotte!

Si vous avez souffert de nausées et de désagréments digestifs, vous serez heureuse de constater qu'au cours de ce troisième mois, ils vont progressivement s'estomper, jusqu'à disparaître (pour laisser place à d'autres soucis au cours du 3e trimestre!).

Émotions

La prise de conscience de votre état est en général bien acquise. Vous vous sentez de plus en plus... enceinte! Vos interrogations continuent de tourner dans votre esprit mais les choses semblent se mettre en place: vous avez prévenu vos proches, les gens sont attentifs à votre bien-être, vous vous intéressez de plus en plus à la layette et commencez à penser à la nouvelle organisation de votre vie.

Plus le temps passe, plus vous êtes sereine et prête à profiter au maximum de cette période si particulière.

Fraises à Noël, pêches à minuit…

Ah oui, vous avez des envies ?

Petite coquine !

Vous avez surtout besoin de vous faire chouchouter !

La relation entre les fameuses lubies alimentaires des femmes enceintes et un réel besoin nutritionnel ou physiologique n'a jamais été prouvée. On pense plutôt que ces attirances subites pour un aliment sont d'ordre purement psychologique : pendant très longtemps, la grossesse était un des rares moments où la femme avait la possibilité d'obtenir ce qu'elle voulait, où ses désirs étaient pris en compte.

Aujourd'hui, on pense surtout que les femmes enceintes sont à l'écoute de leur corps, prennent soin d'elles-mêmes et ne tolèrent pas de remettre à plus tard quelque chose qui leur ferait plaisir sur le moment…

Précautions à prendre

Elles sont les mêmes que pour les deux premiers mois : un maximum de repos, pas d'effort brusque et prolongé, une alimentation saine et équilibrée…

Évitez les sources de stress : l'adrénaline que vous produisez va exciter le bébé en accélérant son rythme cardiaque. Laissez donc ce petit tranquille !

Pensez à boire beaucoup : vos reins travaillent à plein régime et ont besoin de beaucoup d'eau pour se débarrasser de tous les déchets produits par Bébé. En plus, en éliminant, vous éloignez les risques d'infections urinaires qui se développent plus facilement chez la femme enceinte.

Sur ce point, soyez très vigilante : une sensation de brûlure en urinant est peut-être le symptôme du début d'une infection. Parlez-en très rapidement à votre médecin car les risques sont grands pour la maman et pour le bébé.

Maintenez une activité physique douce et efficace : marcher environ 30 minutes par jour permet d'accentuer le travail de vos poumons qui doivent éliminer tout le gaz carbonique produit par bébé.

Attention !

Marcher ne veut pas dire piétiner. Les après-midi shopping dans les rues polluées, bruyantes et encombrées ne vous sont pas vraiment bénéfiques : ne vous en privez pas, mais sachez vous arrêter quand il le faut !

Soyez attentive également à votre hygiène intime : la grossesse entraîne une augmentation des pertes vaginales et crée un milieu propice au développement des germes. Pratiquez une toilette douce mais efficace matin et soir afin de prévenir tous les risques. Pour cela, utilisez un savon doux (ou un produit spécifique), séchez-vous bien (changez très fréquemment de serviette de toilette ou employez des mouchoirs jetables). Lavez-vous également après chaque selle. Pour votre confort mais aussi par souci d'hygiène, préférez porter des slips en coton que vous laverez plus facilement à haute température.

« J'avais planifié un séjour à l'étranger. Je pars ou pas ? »

Une femme enceinte peut voyager avec un minimum de risques sous réserve de respecter certaines règles :

- Consulter son médecin et lui demander son avis sur l'opportunité d'un voyage pendant la grossesse : les futures mamans ne connaissant pas de complications et ayant une bonne santé générale auront plus de chance de pouvoir partir !
- Comme pour tous les voyages, les recommandations concernent l'hygiène, la vaccination (selon la zone concernée, à étudier avec votre médecin).
- En règle générale, éviter de voyager à l'étranger pendant le 1er et surtout le 3e trimestre.
- Renoncer aux pays où sévit le paludisme (presque tous les médicaments anti-paludéens sont interdits pendant la grossesse).
- Éviter les régions où l'accès aux soins est difficile et précaire (s'informer avant le départ sur les ressources sanitaires du pays visité).
- Pendant le séjour, oublier les sports à risques (plongée, ski nautique !), les efforts physiques intenses (gravir les marches des temples incas), lutter contre la déshydratation, les coups de chaleur, etc.
- Faire attention aux longs déplacements en voiture ou tout autre moyen de transport peu confortable.
- Avion : la plupart des compagnies aériennes refusent les femmes enceintes en fin de grossesse, le plus souvent à partir du huitième mois. En soi et pour une grossesse normale, le voyage aérien ne constitue pas un risque, quel que soit l'âge de la grossesse. Si le voyage est long, la femme enceinte devra

se lever fréquemment, marcher et boire beaucoup d'eau pour éviter la stase veineuse des membres inférieurs. En vue d'éviter toute surprise, il est prudent de prévenir la compagnie aérienne ou l'agence de voyage en temps utile.

- Les séjours en haute altitude (supérieure à 2 000 m) sont fortement déconseillés.

À savoir : Souscrivez une assurance internationale pour le rapatriement sanitaire. Vérifiez bien qu'elle couvre la grossesse : ce n'est pas toujours le cas.

Suivi médical

La première échographie : le choc des photos !

Figurant sur la liste des examens obligatoires, l'échographie du premier trimestre (que l'on passe de préférence au cours de la 12e SA) est un grand moment dans la vie des futurs parents. Ce bébé, tout à fait virtuel pour le moment, va apparaître sur l'écran et devenir alors une réalité (même s'il faut regarder à deux fois pour se rendre compte que cette petite chose est un bébé !).

Le saviez-vous ?

Cet événement reste en général gravé dans l'esprit des parents : cette image sera la seule où l'on verra le bébé en entier (après, il sera trop grand pour tenir dans le cadre !). Certains sont si fiers qu'ils gardent la photo de Junior « in utero » dans leur portefeuille et la brandissent sous le nez de quiconque se montre un peu intéressé par cette grossesse. D'autres vont même jusqu'à visionner en boucle la vidéo que leur échographiste leur aura donnée...

À quoi sert cet examen ?

Avant d'être un événement émotionnel, l'échographie est un examen précis, très utile pour déceler toute anomalie du fœtus et vérifier sa bonne santé. Ainsi, le médecin observera :

- le nombre d'embryons (comment ça, vous en voyez trois ?) ;
- la date de la conception et donc de l'accouchement : si la date du câlin procréateur est assez floue dans votre esprit, il est très utile de la connaître précisément. Tous les embryons du même âge ont sensiblement la même taille. Ainsi, grâce aux mesures, on peut dater la grossesse avec exactitude ;
- la vitalité de l'embryon : le rythme des battements cardiaques (que l'on voit d'ailleurs assez nettement à l'image) permet de vérifier la bonne santé du bébé ;
- la présence d'anomalies (des membres, de la tête, du système cardiaque, etc.) ;
- la clarté nucale : la mesure de la nuque de l'embryon permet de détecter les risques de trisomie. Un doute lors de l'échographie entraîne une amniocentèse afin de vérifier de manière certaine le risque d'anomalie chromosomique.

Visite médicale

Munie de votre échographie, vous vous rendez chez le médecin ou la sage-femme pour la visite qui s'effectue en règle générale lors de la 13e semaine d'aménorrhée.

Lors de cet examen, il/elle étudiera les résultats de votre bilan sanguin, pratiquera un toucher vaginal pour s'assurer de l'évolution de l'utérus, vous pèsera, prendra votre tension. Vous ferez ensuite le point sur la première échographie.

Le tri-test

Afin de détecter les risques de trisomie, un test basé sur l'analyse de trois hormones d'origine placentaire contenues dans votre sang vous sera proposé.

Cet examen permet de déterminer votre pourcentage de risque, exprimé sous la forme 1/x. Malheureusement, ce test n'est fiable qu'à 70 % : il peut être normal alors que le bébé ne l'est pas et inversement.

En France, le seuil est fixé à 1/250. En dessous de ce seuil, on estime que votre risque est élevé : on vous proposera une amniocentèse pour confirmation. Or, cet examen n'est pas sans danger (de 0,5 à 1% des examens provoquent une fausse couche).

Accepter le tri-test est donc une décision que seuls les parents peuvent prendre : le médecin se doit de vous le proposer, de vous prévenir de l'utilité mais aussi des risques du test. Vous et le médecin devez signer un papier mentionnant que vous avez été informée et que vous acceptez sans condition les résultats et les conséquences de l'examen.

À noter!

Les recherches avancent en ce qui concerne un test reposant sur une méthode moins risquée que l'amniocentèse: une simple prise de sang permettra sûrement très bientôt de pratiquer le dépistage. Moins de danger, moins de stress pendant l'examen et en attendant le résultat... souhaitons que la méthode se développe au plus vite!

Les démarches à faire

Déclaration de grossesse: n'oubliez pas de l'envoyer!

Vous avez en effet jusqu'à la fin de la 12e semaine pour la faire parvenir à la CPAM et pouvoir ainsi jouir de tous vos droits.

Prévenir votre employeur

Sachez qu'il n'existe pas de date butoir pour informer votre employeur: l'avertir, c'est une question de politesse, la volonté de maintenir de bonnes relations pour la suite de votre carrière, la possibilité de trouver une solution pour votre remplacement, etc. Comment faire pour aborder ce sujet délicat?

Tout dépend bien sûr de vos relations. Choisissez bien votre moment (c'est-à-dire pas au moment où le contrôleur de la répression des fraudes vient de constater que les chambres froides du restaurant ne sont pas aux normes). Soyez simple et franche, votre émotion le gagnera certainement. C'est une bonne nouvelle quand même! Et si la pilule a du mal à passer, laissez-lui le temps de se faire à l'idée de perdre pendant quelques temps son employée modèle... Ce brave homme sait déjà qu'une fois que vous serez maman, vous ne serez plus jamais aussi disponible (Bibounet est malade, fait ses dents, la nounou arrête de bosser à 18 h 02, etc.) ni aussi motivée (un audit dans les filiales italiennes, c'est tentant… mais plus de deux jours loin de mon bébé et je ne suis plus bonne à rien !).

Essayez pourtant de le rassurer et montrez-lui que tant que vous êtes là, il peut toujours compter sur vous. Proposez-lui par exemple de former la personne qui assurera votre intérim.

Lettre type de demande de congé maternité

Nom
Adresse

Nom de votre employeur
Fonction
Société
Service
Adresse

Lettre recommandée avec accusé de réception

Monsieur (ou Madame) « titre »,
Conformément aux dispositions de l'article L122-26 du Code du travail, j'ai l'honneur de vous informer que je cesserai mon activité le « date » en raison de mon état de grossesse.
Mon congé maternité prendra fin après une période de « x » semaines après mon accouchement dont la date est prévue le « date ».
Vous trouverez ci-joint un certificat médical.
Veuillez agréer, Monsieur (ou Madame) « titre », l'expression de mes salutations distinguées.

Signature

Ensuite, vous officialiserez l'annonce en lui faisant parvenir une lettre recommandée avec accusé de réception. Vous mentionnerez la date légale de votre congé maternité (en précisant bien « du… au… ») et vous joindrez votre certificat de grossesse.

Attention ! Partir en congé maternité sans avoir averti votre employeur peut vous faire perdre votre emploi !

Emploi, congés maternité… j'ai droit à quoi ?

Testez vos connaissances sur les droits de la femme enceinte au travail en répondant aux questions suivantes :

1. Je suis salariée d'une PME et ça ne colle pas très bien avec le boss. Il peut profiter de ma grossesse pour me licencier.

Faux (sous certaines conditions).

À condition d'avoir déclaré sa grossesse à son employeur en temps et en heure (c'est-à-dire avant son congé de maternité), la salariée bénéficie en effet d'une protection contre le licenciement pendant sa grossesse et son congé de maternité (depuis la déclaration de son état jusqu'aux quatre semaines suivant la fin de son congé maternité).

Attention cependant ! Si vous ne pouvez être licenciée pour le seul fait d'être enceinte, votre grossesse ne vous protège pas de la « faute grave » : ce n'est pas parce que vous êtes enceinte que vous avez le droit d'insulter les clients, de piocher dans la caisse ou de divulguer des secrets industriels à vos concurrents !

De même, votre grossesse ne vous protège pas contre les compressions de personnels, les licenciements économiques, les fermetures de sites, etc.

En revanche, la résiliation du contrat ne peut en aucun cas avoir lieu pendant votre congé maternité (protection absolue !).

Si votre employeur vous notifie votre licenciement alors que vous ne l'avez pas encore prévenu de votre grossesse, vous avez 15 jours pour lui faire parvenir votre certificat et ainsi faire annuler la rupture de votre contrat.

2. Je n'avais pas prévu cette situation, mais après mon accouchement, j'ai décidé d'arrêter de travailler. Je démissionne donc sans avoir à effectuer de préavis.

Vrai.

La grossesse vous autorise à démissionner sans préavis ni indemnités de rupture de contrat.

Attention ! En démissionnant ainsi, vous vous privez de la « priorité de réembauchage » dont vous pouvez profiter pendant un an si vous changez d'avis après votre congé maternité (vous retrouvez votre emploi si un poste identique est disponible et vous retrouvez tous vos droits là où vous les aviez laissés).

3. Pendant mon congé, je vais toucher la totalité de mon salaire.

Ça dépend.

Versées par la Sécurité sociale, les indemnités journalières sont calculées sur les trois derniers mois de votre salaire brut, diminués des cotisations sociales salariales et de la CSG.

Attention, les indemnités sont plafonnées ! Au 1er janvier 2012, le montant maximum de l'indemnité journalière est de 80,04 euros par jour (78,39 euros par jour maximum dans le département d'Alsace-Moselle). Gare à la différence si vous gagnez beaucoup mieux votre vie !

Certaines conventions collectives imposent à l'employeur le maintien du salaire à 100 %. Étudiez donc la vôtre de très près.

4. Si j'en ai envie et que j'en suis capable, je peux aller travailler jusqu'à la veille de mon accouchement.

Faux.

Heureusement que la loi est là pour protéger les bébés des « accros » du travail ! Le congé maternité est obligatoire et votre employeur n'a pas le droit de vous faire travailler pendant cette période.

La durée du congé maternité varie en fonction de trois éléments : nombre préalable d'enfants à charge ou nés viables, naissances simples ou multiples, état pathologique ou non.

La durée minimale du congé maternité est de 16 semaines, en général 6 semaines avant et 10 semaines après l'accouchement. La salariée peut prendre un repos moins long mais pour bénéficier des indemnités journalières, elle doit s'arrêter de travailler au moins 8 semaines au total.

En cas de maladie (ou simplement de fatigue excessive, d'inconfort très marqué) la durée du congé maternité peut être allongée sur prescription médicale : vous pourrez obtenir jusqu'à deux semaines avant et/ou quatre semaines après la date présumée de l'accouchement.

À noter

À l'occasion de la naissance du premier ou du deuxième enfant, la femme peut décider de reporter une partie de la période prénatale du congé maternité sur la période postnatale. Pour ce faire, il faut :

- l'avis du médecin chargé de la prévention ;
- un certificat du médecin qui a pratiqué l'examen prénatal du sixième mois, attestant que le report d'un certain nombre de jours est possible ;

- que l'intéressée exerce effectivement ses fonctions avant le début des six semaines qui précèdent la date présumée de l'accouchement.

Toutefois, la période prénatale doit toujours débuter deux semaines au minimum avant la date présumée de l'accouchement.

5. Je travaille de nuit / je manipule des produits chimiques ou dangereux : mon employeur doit me proposer un reclassement.

Vrai.

Si votre travail a un caractère de pénibilité ou bien représente un danger pour votre grossesse, le médecin du travail peut demander des examens supplémentaires et une mutation de poste. Un travail de nuit peut par exemple être remplacé par une activité de jour. Si le reclassement n'est pas possible, votre contrat peut être suspendu : votre salaire est alors remplacé par des allocations journalières versées par la CPAM, complétées si nécessaire par l'employeur.

6. Je dois me rendre aux examens obligatoires / je veux allaiter pendant mes heures de bureau. Je peux m'arranger avec mon patron.

Vrai.

Si la loi ne prévoit pas d'aménagement particulier du temps de travail, de nombreuses conventions collectives ou accords avec les entreprises prévoient des facilités faites aux femmes enceintes.

Vous avez le droit de vous absenter pour passer les examens obligatoires (ces absences sont rémunérées).

Les fonctionnaires, par exemple, bénéficient d'une réduction du temps de travail d'au maximum une heure par jour (à partir du 3e mois).

Plus tard, pour l'allaitement, vous pourrez encore négocier une heure par jour (divisée en 2 fois 30 minutes), non rémunérée, pour allaiter votre enfant dans l'établissement (pratique... il faut qu'on vous amène le bébé !!!) et ce, pendant un an après la naissance.

Dans certains secteurs (la banque par exemple), les salariées qui allaitent touchent la totalité de leur salaire.

Pour les modalités de demande de congé de paternité, reportez-vous page 195.

Notes

QUEL BONHEUR DE SORTIR UN PEU ! BIENTÔT, NOUS AURONS SÛREMENT BEAUCOUP PLUS DE MAL À ORGANISER UNE SOIRÉE ENTRE FILLES ! DEPUIS QUELQUES JOURS, J'AI VRAIMENT RETROUVÉ LA PÊCHE… ET TOI, TU AS UNE MINE RESPLENDISSANTE !

C'EST SÛR ! J'AVAIS UN TEINT D'OLIVE VERTE AVEC TOUTES CES NAUSÉES… PAR CONTRE, AVEC LES 3 KILOS QUE J'AI PRIS, J'AI DÉJÀ DES JOUES DE HAMSTER !

MOI, JE RESSEMBLERAIS PLUTÔT À UN ZÈBRE… JE SAIS PAS POUR TOI, MAIS MES HANCHES ET MON VENTRE COMMENCENT À SE COUVRIR DE VERGETURES.

NE M'EN PARLE PAS ! ENTRE LA PEAU DE CROCODILE ET LES TACHES DU VISAGE FAÇON LÉOPARD, MON MEC SE CROIT AU ZOO TOUTES LES NUITS !

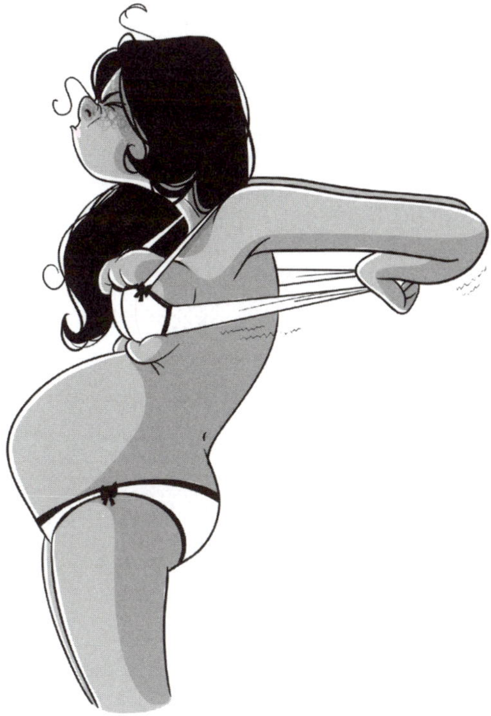

Mois 4

Belle comme un fruit mûr

Vous êtes plutôt...?

La cool *Belle des champs*

Vous êtes du genre « nature » et ne vous encombrez pas de produits de beauté que vous jugez chers et inutiles. Depuis des années, vous vous lavez au savon de Marseille et protégez votre peau avec une noisette de *Cold cream* achetée en pharmacie. Pour faire comme les Africaines, vous enduisez votre ventre de beurre de karité afin de prévenir les risques de vergetures.

Pendant la grossesse, le geste beauté le plus essentiel est de bien hydrater sa peau afin de l'aider dans son extension... utiliser un produit pour le corps est vraiment indispensable. Prenez également soin de votre visage, notamment avec une protection solaire, afin de lutter contre l'apparition du « masque de grossesse ».

La sereine *« Belle » maman*

Vous avez pour habitude de prendre soin de votre peau, de vos cheveux et de votre beauté en général. Depuis que vous êtes enceinte, vous êtes un peu moins rigoureuse dans vos applications : fatigue, nausées et autres petit soucis vous détournent un peu de votre miroir. Même votre parfum vous écœure !

Surtout, ne vous laissez pas aller ! Très rapidement, vous allez vous sentir mieux et retrouver l'envie de séduire. Le deuxième trimestre est idéal pour ça : le teint est lumineux, les cheveux forts et soyeux. Reprenez vos soins habituels et ajoutez une attention particulière sur l'hydratation de vos seins et de votre ventre.

La paniquée *« Belle, belle, belle…*

… la lala lala ! »

En apprenant votre grossesse, vous avez tout de suite investi dans les soins pour le corps « spécial maternité ». Pas question de faire comme votre cousine qui a craqué de partout ou votre copine qui s'est trouvée aussi couverte d'acné qu'une collégienne pubère… Vous avez décidé de prendre les devants et chaque coin de votre corps a sa crème spécifique.

Bravo ! Profitez de cette période si particulière pour prendre de bonnes habitudes (soins de la peau, protection solaire, hygiène très rigoureuse…). La prévention sera votre meilleure arme pour traverser votre grossesse en beauté. Pourtant, ne cédez pas forcément aux sirènes du marketing… Si cela vous fait plaisir d'utiliser des produits réservés aux futures mamans, n'hésitez pas, mais sachez que ce n'est pas tant le produit qui compte que la régularité des soins.

Ce qui se passe pour Bébé

De la 16e à la 19e SA, de la 14e à la 17e SG

Ce mois-ci sera le début d'une nouvelle étape de votre grossesse : après une mise en place parfois un peu difficile, vous allez gagner en sérénité et en bien-être. Votre bébé continue sa croissance rapide et s'agite de plus en plus au point que peut-être… vous allez le sentir bouger !

16e semaine d'aménorrhée *14e semaine de grossesse*

Bébé exerce les muscles de son visage : il peut tourner les yeux et même froncer les sourcils. Sa tête est maintenant tout à fait redressée : ses proportions vont s'équilibrer avec le reste du corps qui poursuit sa croissance (les jambes deviennent plus longues que les bras).

La cavité abdominale qui s'est agrandie peut contenir les intestins qui commencent à y entrer. La thyroïde, responsable entre autres de la croissance de l'enfant, commence sa production hormonale.

17e semaine d'aménorrhée *15e semaine de grossesse*

Évidemment, Bébé ne respire pas vraiment (l'oxygène lui est apporté par le sang de la maman et le dioxyde de carbone qu'il rejette passe par le même chemin) : cependant, ses poumons commencent à s'exercer en ébauchant des mouvements respiratoires, ce qui leur fait absorber puis rejeter du liquide amniotique. Le rythme cardiaque est devenu semblable à celui d'un adulte.

Maintenant, Bébé mesure 16 cm et pèse 135 g.

18e semaine d'aménorrhée *16e semaine de grossesse*

Le visage se précise encore : les oreilles sont à leur place définitive. Les yeux sont toujours fermés mais la rétine est sensible à la lumière. La peau de Bébé se couvre d'une sorte de duvet, appelé « lanugo », sur les futures zones pileuses de son corps. Il le perdra à la naissance (peut-être s'agit-il d'un héritage de nos ancêtres les plus primaires...).

19e semaine d'aménorrhée *17e semaine de grossesse*

Sa peau est si transparente que l'on voit les capillaires sanguins s'y développer. Le système nerveux poursuit son développement : les fibres de la moelle épinière se recouvrent de myéline, cette gaine isolante et conductrice de l'influx nerveux.

Dans l'intestin, les substances que bébé avale dans le liquide amniotique commencent à s'accumuler pour former le méconium : à la naissance, Bébé expulsera cette matière très foncée et collante.

Votre petit bout mesure 19 cm et pèse 200 g : un beau morceau !

Ce qui se passe pour vous

De la 16e à la 19e SA, de la 14e à la 17e SG

Votre corps

Votre utérus continue de monter dans la cavité abdominale : à la fin du mois, il arrivera au niveau du nombril.

Cette évolution peut entraîner quelques sensations nouvelles : l'utérus étant attaché aux os du bassin par des ligaments, ceux-ci s'étirent et se distendent. Vous pouvez donc ressentir de brusques douleurs, lors de la marche ou en changeant de position.

On a parfois l'impression que les os du bassin se disloquent et s'écartent : tous vos organes se poussent en effet pour faire de la place au petit nid de votre bout'chou.

De même, vos poumons, vos intestins sont de plus en plus comprimés (mais ce n'est qu'un début), provoquant remontées gastriques (aigreurs d'estomac) et essoufflements.

Vos seins peuvent commencer à laisser échapper un peu de liquide : il s'agit du colostrum, substance extrêmement riche qui précède le lait et qui fera les premiers repas du nouveau-né allaité.

Les premières rondeurs s'installent : maintenant, il n'y a vraiment plus aucun doute ! Votre peau commence à être soumise à de rudes tensions.

Émotions

À la fin de ce mois (un peu plus tôt pour celles qui ont déjà eu un enfant), un nouveau choc émotionnel va avoir lieu : vous allez sentir votre bébé bouger.

Si l'échographie vous a déjà révélé sa « réalité », vous vivrez sans doute cette première manifestation comme un petit « miracle ».

Quand bébé bouge... top 5 des sensations :

- des bulles qui remontent le long du ventre (comme dans une flûte de champagne) ;
- des vaguelettes ;
- des chatouilles ;
- la caresse d'une aile de papillon (enfin, on imagine...) ;
- la caresse d'une plume.

Sans doute qu'à partir de cette sensation magique, vous allez avoir envie de rentrer en contact, de communiquer avec votre enfant : en posant votre main sur votre ventre, vous allez constater que Bébé répond (il est capable de sentir votre appel) en se dirigeant vers lui. Ces premiers échanges merveilleux apportent de grands moments de bonheur (à voir l'air béat d'une future maman qui câline son ventre...). Pour une fois, le papa profitera de cette intimité : lui aussi pourra parler au bébé, le caresser à travers le ventre...

Naissance d'une mère

Vous commencez à voir plus clair. Bien sûr, l'arrivée prochaine du bébé fait surgir de nombreuses interrogations, et remonter des angoisses profondes : la grossesse est si riche en émotions qu'elle peut réveiller des sentiments enfouis, surtout chez les femmes qui manquent de confiance en elles ou qui se sentent fragiles psychologiquement.

On l'oublie peut-être trop souvent, mais donner naissance à un premier enfant est aussi donner naissance à une nouvelle femme : une mère. Or, dans ce domaine, vous n'avez qu'un seul modèle: votre maman. Que vos relations aient été bonnes ou difficiles, fusionnelles ou conflictuelles, ce sont celles-ci qui vous ont façonnée et vous ont donné l'image de la maternité. Souvent idéalisée, souvent rejetée, cette mère va maintenant vous servir de référent, par rapport auquel vous vous identifierez ou vous différencierez.

Cette nouvelle identité de mère ne s'adopte pas en un jour: c'est un réel bouleversement de la personnalité et il est normal d'avoir des doutes, des hésitations. Il faut arriver à accepter de faire le deuil de sa vie d'avant, de son corps de jeune fille, de son insouciance...

Devenir maman est une joie immense. Elle est aussi une véritable opportunité pour faire un travail sur soi, sa personnalité et son équilibre affectif.

Précautions à prendre

Continuez à prendre soin de vous: si vous vivez un regain de forme après un premier trimestre difficile, ne vous lancez pas pour autant dans des activités fatigantes ou dangereuses.

Suivi médical

Ce mois-ci encore, vous vous rendrez chez le médecin ou la sage-femme pour le contrôle de votre grossesse. Il s'agira en fait du 2e examen obligatoire (vous avez certainement déjà consulté plus de deux fois, mais la Sécurité sociale n'impose et ne rembourse totalement que 7 examens pour les 9 mois).

La visite se déroulera comme les précédentes:

- prise de la tension artérielle;
- pesée;

- vérification du taux d'albumine et de glucose dans les urines ;
- palpation du col de l'utérus ;
- écoute du cœur du bébé ;
- etc.

Il vous prescrira les examens réguliers (prise de sang et analyse d'urine s'il ne pratique pas lui-même la recherche d'albumine).

Vous êtes une habituée maintenant !

Vous avez sans doute reçu les résultats du tri-test pratiqué le mois précédent. Si les résultats ne sont pas satisfaisants, votre médecin vous demandera sûrement de faire pratiquer une amniocentèse pour ôter tous les doutes relatifs à une anomalie chromosomique de votre bébé.

Amniocentèse

En général, cet examen fait peur parce qu'il implique des risques (de 0,5 à 1 % de fausses couches) mais aussi parce qu'il est impressionnant. Pourtant, cette méthode permet de déceler des anomalies du fœtus et en cela, elle est fondamentale.

À qui s'adresse cet examen ?

En général, il est prescrit aux femmes « à risques » : celles qui ont plus de 38 ans ou qui ont déjà eu un enfant trisomique, ou qui sont porteuses de maladies héréditaires. Il peut également être réalisé sur des femmes dont les résultats du tri-test sont inférieurs à 1/250.

Comment se passe l'examen ?

Le prélèvement se fait à l'hôpital : après avoir désinfecté la peau du pubis au nombril, le médecin introduit une longue aiguille dans le ventre afin d'aller prélever un échantillon du liquide amniotique dans lequel baigne le bébé. Cela se passe sans anesthésie mais la douleur n'est pas importante (c'est bien souvent l'angoisse de l'examen qui crée cette douleur).

Ce prélèvement se passe sous échographie: la maman peut se rassurer en voyant que l'aiguille reste à distance de son enfant.

À la suite du prélèvement, vous devez vous reposer quelques instants avant de repartir. Pendant les deux jours qui suivent, il est également recommandé de se reposer.

Comment analyse-t-on le prélèvement ?

Le liquide amniotique est plein de cellules embryonnaires : on met celles-ci en culture pendant environ deux semaines, pour qu'elles se multiplient. Le laboratoire peut ensuite établir le caryotype du bébé, c'est-à-dire sa structure chromosomique et déceler des anomalies. L'examen permet de connaître sans aucun doute possible le sexe de l'enfant.

Démarches à faire

Ce mois-ci, pas de démarches particulières. Profitez-en pour continuer d'étudier les solutions possibles pour la garde de votre enfant.

La plus belle des mamans

Bon, d'accord. Une femme enceinte, c'est opulent, sensuel (voire sexy), touchant, etc. La mine est épanouie, le décolleté généreux, la douceur incarnée... Mais cela peut aussi être le cheveu gras, les vergetures, les taches brunes, les jambes gonflées...

Alors, pour profiter en beauté de ces neuf mois, aidez un peu Dame Nature !

Les boutons

Au niveau hormonal, la grossesse c'est comme une puberté puissance 10. En fait, le phénomène peut commencer dès que vous arrêtez la pilule. Rappelez-vous vos années collège... Et bien, il se peut que vos meilleurs souvenirs remontent à la surface ! En fait, sous l'effet de l'imprégnation hormonale, la peau peut changer de nature : sèche, elle devient grasse et inversement. Il vous faudra sans doute changer vos habitudes de soins : utilisez des crèmes spécifiques par exemple pour les peaux à problème. En cas d'extrême urgence, vous pouvez toujours consulter votre dermatologue.

Attention !

Les traîtres : ils attaquent dans le dos ! Vous pouvez même avoir des boutons sur les épaules et le haut du dos (où la peau est plus grasse et plus épaisse). Pensez à les traiter également et surtout, ne les triturez pas, vous risqueriez de garder des marques brunes quasi indélébiles.

Le soleil

Pendant la grossesse, la synthèse de la mélanine, responsable du bronzage, est accélérée. En vous exposant au soleil, vous avez des chances de développer une hyperpigmentation, couramment appelée « masque de grossesse ». Dès le 4e mois, 70 % des femmes sont touchées par ce phénomène ! Ces taches brunes se présentent sur le visage, en règle générale sur les pommettes, le front et les tempes.

Bien sûr, ce masque s'atténue et disparaît progressivement après la grossesse (pas toujours complètement) ; avec un risque de récidive. Ainsi, mieux vaut prendre quelques précautions :

- Évitez de vous exposer au soleil.
- En cas d'exposition : PROTÉGEZ-VOUS avec un écran total. De toutes façons, ce conseil est valable tout le temps, que vous soyez enceinte ou pas, alors !

Si les taches sont apparues, il faudra en parler à votre médecin : votre contraception future devra prendre en considération ce problème (vous prendrez sans doute une pilule sans œstrogènes).

Sur un masque très tenace, le médecin pourra vous prescrire un traitement dépigmentant.

Les cheveux

Ah, le mythe de la chevelure superbe de la femme enceinte !

Sur votre tête, ce sera tout ou rien : ou bien vous aurez effectivement une crinière soyeuse, pleine de volume ; ou bien vous aurez le cheveu mou, gras et indomptable. Ce qui est sûr, c'est que vous n'aurez pas le choix !

Les œstrogènes (encore elles) freinent la chute de cheveux pendant 9 mois : ainsi, vous avez l'impression de gagner en volume et pouvez adopter le look « Jackson Five en concert ». Mais cette illusion n'est que de courte durée : après l'accouchement, la chute brutale des hormones dans le sang va entraîner la chute de vos cheveux. En fait, il ne s'agit pas d'un phénomène anormal mais simplement d'un « rattrapage » qui se produit en quelques jours au lieu de s'étaler sur plusieurs mois.

Pas grand-chose à faire pour lutter contre ça...

Si votre cuir chevelu devient subitement gras, changez de shampooing pour passer à un soin spécifique.

Contrairement à ce que disent votre mère et votre belle-mère, il n'y a aucun danger à utiliser une coloration ou une décoloration pendant la grossesse. Les produits modernes ne contiennent aucune substance nocive et si c'était le cas, ils ne pénètreraient pas dans le corps.

Conseils

Essayez de vous rendre chez le coiffeur peu de temps avant la date présumée de votre accouchement.

1. Vous allez être prise en photos par toute la famille dès que vous aurez accouché (ou pire, votre mari va vous filmer pendant que vous mettez bas !) : mieux vaut ne pas garder à vie le souvenir de vos racines de 5 cm !
2. Une fois que vous serez rentrée à la maison, vous n'aurez certainement pas de temps à perdre (chaque minute que vous ne consacrerez pas à Bébé servira à DORMIR). Vous n'envisagerez pas le balayage-coupe-brushing d'ici plusieurs semaines.
3. À la fin de la grossesse, à moins de n'avoir pris que du ventre, on se trouve bouffie, molle et moche. Se faire recoiffer le moral, c'est toujours ça de pris !

Les vergetures

Ah, les fameuses cicatrices de la grossesse ! Que les femmes qui n'en ont pas (même sans grossesse) lèvent la main, qu'on les compte ! Les vergetures font partie de la vie des femmes... et du yo-yo de leur poids. Puberté, kilos pris, perdus, repris... grossesse, toutes ces étapes de la vie féminine sont des situations qui mettent sa peau à rude épreuve.

Lorsqu'elles sont soumises à une tension ou à une modification hormonale, les fibres élastiques de la peau peuvent « craquer ». S'ensuit alors une marque de couleur rouge ou violette, qui blanchira au fur et à mesure de sa cicatrisation. Les vergetures apparaissent de préférence sur les seins, les hanches, le ventre, les reins, l'arrière des bras.

Que faire pour se préserver de ces désagréments ?

Même si aucun remède « miracle » n'existe, quelques mesures de prévention se révèlent utiles :

- limiter la prise de poids et surtout, grossir progressivement ;
- hydrater sa peau au maximum : même si les crèmes spécifiques n'ont pas une efficacité réelle, le fait de masser et de graisser sa peau semble être une vraie protection. Assoupli, l'épiderme semble moins soumis aux tensions.

Pas de désespoir pour les peaux craquelées

Sur les vergetures installées, le dermatologue dispose de plusieurs techniques : traitements à la vitamine A, microdermabrasion qui gomme la peau par la projection de minuscules cristaux d'albumine, etc. Vous-même, vous pourrez les atténuer en utilisant de l'autobronzant... attention cependant au vrai bronzage qui accentue le contraste peau ambrée/zébrures nacrées.

Précaution

Pas de crème sur le ventre le jour de l'échographie ! Le film gras déposé sur la peau pourrait agir comme une barrière contre les ultrasons et rendre l'examen plus difficile.

Soins particuliers pour les seins

Pour la première fois, pendant votre grossesse et surtout à la naissance du bébé, vous allez découvrir que vos seins peuvent être autre chose que des appâts érotiques.

Si vous allaitez, leur fonction originelle (nourricière) prendra réellement un sens. D'ailleurs, vous le sentirez dès les premiers jours de votre grossesse : tout de suite tendus, douloureux et gonflés, ils vous alerteront immédiatement sur votre état.

Soumis à de fortes tensions, les seins doivent être particulièrement soignés : pour préparer leur avenir après accouchement/allaitement, mieux vaut s'en occuper tout au long des 9 mois de grossesse.

Tout d'abord, soutenez-les ! Pendant quelques temps, oubliez les petits balconnets et portez un vrai soutien-gorge d'un maintien suffisant (misez sur les bretelles bien larges). N'hésitez pas à le garder la nuit si vos seins sont très douloureux. Vous aurez peut-être besoin de changer deux ou trois fois de taille pendant toute la grossesse.

Essayez de terminer votre douche par un jet d'eau froide (j'ai bien dit « essayez ») pour tonifier la peau, et oubliez les bains chauds qui ramollissent l'épiderme.

Hydratez au maximum : utilisez une crème nourrissante après chaque douche et pratiquez des massages « en rond » sans oublier le décolleté et le cou. Le soir, vous pourrez compléter par l'application d'un sérum tenseur spécial buste.

Le saviez-vous ?

On dit que l'allaitement abîme les seins... Oubliez cette idée reçue ! Ce qui est dévastateur pour l'élasticité de la peau, c'est la prise et la perte de poids. En allaitant, vous permettez à vos seins de reprendre leur volume initial progressivement. Avec un sevrage graduel, vous les protègerez.

Notes

AH SALUT ! TU VIENS FAIRE DES ACHATS TOI AUSSI ?
MOI, JE PROSPECTE POUR COMPARER LES PRIX DES
CHAMBRES. TOUS CES PAPIERS PEINTS COUVERTS DE
PETITS NUAGES OU DE NOUNOURS BÉATS,
JE TROUVE ÇA RIDICULE. MAIS QU'EST-CE QUE JE VOIS :
IL N'Y A QUE DES TENUES ROSES À NŒUDS-NŒUDS
DANS TON PANIER !

OUIIIIIII ! C'EST UNE FIIIIIIIIILLE !

GÉNIAL ! MON FILS AURA DÉJÀ
UNE FIANCÉE À LA MATERNITÉ !

ON EN REPARLERA ! N'OUBLIE PAS
QUE SON PAPA À DES ORIGINES SICILIENNES...
GARE À CELUI QUI OSERA S'APPROCHER
DE SA PETITE CHÉRIE !

Mois 5

Dans les roses ou dans les choux ?

Vous êtes plutôt...?

La cool *Fille ou garçon, c'est pareil*

Vous ne vous souciez pas du sexe de votre futur enfant, d'ailleurs, vous ne souhaitez même pas le connaître. Tout ce qui compte pour vous, c'est qu'il/elle ait tout ce qu'il faut au bon endroit, qu'il/elle soit en bonne santé... En plus, vous détestez les clichés de la layette bleue ou rose, vous n'aimez que le vert!

La layette verte, c'est pour les petits martiens, non? En gardant le mystère, votre surprise à la naissance sera renforcée! De toutes façons, vous avez encore le temps de changer d'avis: à la dernière écho, le médecin pourra toujours vous révéler le secret!

La sereine *Alors, c'est quoi?*

Fille ou garçon, c'est pareil. Pourtant, vous êtes impatiente de connaître le sexe de votre crevette. En jeune femme très organisée, vous avez envie de pouvoir préparer la chambre, le trousseau en orientant vos choix de couleur et de style. Mais surtout, vous voulez enfin mettre un terme aux discussions sans fin avec votre homme: Chloé ou Hugo?

Vous voilà fixée maintenant. Tant mieux. Vous allez pouvoir vous adresser directement à votre fils ou votre fille en l'appelant par son prénom. Pour le futur papa, connaître le sexe permet de mieux imaginer l'enfant, de le rendre plus concret.

La paniquée *Snif, c'est un garçon!*

Vous rêviez secrètement d'avoir une fille et vous allez accoucher d'un gars. Qu'à cela ne tienne, vous serez heureuse quand même et vous aimerez ce petit de tout votre cœur. Pourtant, vous ne pouvez vous empêcher de regarder avec nostalgie les petites robes roses au rayon layette...

On a tout à fait le droit d'avoir un désir particulier pour le sexe de Junior. L'éducation, l'environnement familial influencent souvent ce type de sentiment (en ayant eu 3 frères et 4 neveux, on a peut-être envie de jouer un peu à la poupée). Ne vous inquiétez pas, votre déception ne sera que passagère. En voyant la bouille de votre enfant, vous oublierez très vite celui dont vous rêviez !

Ce qui se passe pour Bébé

De la 20e à la 24e SA, de la 18e à la 22e SG

Ce mois-ci sera sans doute celui de l'équilibre et du dynamisme : vous n'êtes plus malade, votre ventre n'est pas encore trop lourd à porter, vous êtes pleine d'énergie... Voilà une belle période qui commence pour entamer les préparatifs de la naissance.

20e semaine d'aménorrhée *18e semaine de grossesse*

Bébé s'agite énormément (maintenant, vous le sentez vraiment !) : il se sert du cordon ombilical comme Tarzan de sa liane, pour se balancer !

Il heurte les parois de l'utérus et donne une impulsion... un vrai trapéziste ! Tous ces mouvements renforcent ses muscles, ses os et ses articulations pour l'aider à grandir.

Ses cellules nerveuses sont au complet : il y en a presque 14 milliards ! (Vous pouvez être fière de votre enfant !)

Bébé pèse environ 250 g et mesure 20 cm.

21e semaine d'aménorrhée *19e semaine de grossesse*

Sa peau commence à s'épaissir, même si dessous, la couche de graisse est très fine et qu'il reste fripé comme un pruneau. Les ongles commencent à pousser. Bébé dort beaucoup (de 16 à 20 heures sur 24) : il n'a aucune notion de votre rythme de sommeil et peut très bien entamer sa séance de gym alors que vous... venez à peine de fermer l'œil.

Son poids est maintenant de 335 g pour 21,5 cm.

22e semaine d'aménorrhée *20e semaine de grossesse*

Les organes continuent leur développement et leur propre fonctionnement : par exemple, le pancréas commence à sécréter de l'insuline (qui régule le taux de sucre dans le sang). Pour les petites filles, les ovaires produisent les ovogonies, cellules primaires qui donneront plus tard les ovules. Le vagin termine sa formation.

Bébé pèse 385 g pour 22,5 cm.

23e semaine d'aménorrhée *21e semaine de grossesse*

Les mouvements s'amplifient mais ne se coordonnent pas encore... Pourtant, il arrive à sucer son pouce. Il se prépare ainsi au mouvement de la tétée qui lui sera vital dès la naissance. La tête commence à se couvrir de cheveux.

Son poids est de 440 g pour 24 cm.

24e semaine d'aménorrhée *22e semaine de grossesse*

Les glandes sébacées produisent une graisse qui recouvre bébé : il s'agit du *vernix caeosa*, dont le but est de protéger la peau de l'enfant (il va baigner dans le liquide amniotique pour quelque temps encore). À la naissance, certains sont encore enduits de cette substance.

Ses yeux commencent à prendre de la couleur (elle est loin d'être définitive puisqu'il faudra attendre quelques semaines après la naissance pour voir leur vraie coloration).

À la fin du 5e mois, bébé pèse 500 g pour 26 cm.

Ce qui se passe pour vous

De la 20e à la 24e SA, de la 18e à la 22e SG

Votre corps

Si les premiers maux de la grossesse sont oubliés depuis un petit moment, de nouvelles difficultés commencent : quelle dépense d'énergie pour faire fonctionner votre usine à fabriquer des bébés ! Plus d'oxygène, plus de sang, plus de nourriture... vous augmentez régulièrement votre rythme de production !

Essoufflement

Deux phénomènes se conjuguent : l'utérus repousse les organes vers le haut et cela comprime vos poumons + vous devez apporter plus d'oxygène et rejeter plus de CO_2.

Faites des pauses dans la journée où vous vous efforcerez de respirer profondément « par le ventre » (en inspirant, vous gonflez le ventre sans hausser la cage thoracique ; en expirant, vous « rentrez » le ventre pour le vider).

Chaleur

Vous avez l'impression de vous transformer en chaudière. Votre thyroïde travaille plus que d'habitude et en profite pour augmenter votre température corporelle... Du coup, vous avez des bouffées de chaleur et transpirez beaucoup plus. Profitez-en pour boire les fameux 2 litres d'eau recommandés par jour (vous aurez forcément soif !).

Cambrure

Votre centre de gravité est en train de changer : votre ventre est projeté vers l'avant et pour compenser, vous tirez vos épaules vers l'arrière... ce qui accentue la cambrure naturelle de votre dos. Cette nouvelle posture va, à la longue, favoriser les douleurs lombaires. Essayez de soulager votre dos dès que vous le pouvez : pour vous asseoir par exemple, placez bien vos fesses dans le fond du siège, le dos collé au dossier. Ne vous vautrez pas sur le canapé mais allongez-vous bien à plat, les reins collés, genoux pliés et pieds vers les fesses.

Émotions

La grossesse est une période très riche en émotions, fruits du travail psychologique profond qui se déroule en vous et de l'intensité des transformations qui se produisent. Ainsi, plus le temps passe, plus vous « fantasmez » et ne pouvez cesser d'imaginer votre bébé (on a toutes en tête un enfant idéal, mélange parfait de ses parents, ayant tiré le meilleur de chacun d'eux. Attention à la déception ! Petit-cœur aura peut-être les oreilles de l'oncle Honoré et le nez busqué de la cousine Lucie. Ne vous en faites pas... à vos yeux, il sera toujours très beau !).

Vous prenez beaucoup de plaisir à lui parler, à caresser votre ventre, à lui expliquer ô combien vous êtes heureuse de savoir qu'il est là, bien au chaud... Vous êtes pétrie de tendresse, d'amour... et portez sur le visage cet air très particulier qu'ont les femmes enceintes, fait de rayonnement et de douceur.

Les rêves des futures mamans sont particulièrement riches : ils sont le signe de tout le remue-ménage psychique qu'implique la grossesse, les angoisses passées qui ressurgissent, la peur de l'avenir, les souvenirs de l'enfance, les rapports avec sa propre mère, etc. De quoi ne pas dormir la nuit !

De quoi rêve-t-on ?

Essentiellement de nourrissons, d'accouchements (avec mille et un scénarios possibles), de problèmes de santé pour l'enfant (malformations, maladies...). Les images de bonheur sont fréquentes mais elles marquent moins les mères qui se souviennent plus facilement des cauchemars ! Plus le terme approche, plus la perspective de la séparation perturbe le sommeil des futures mamans.

Pas d'angoisse ! Ces rêves, même les plus tumultueux, sont tout à fait normaux : ils permettent d'évacuer toute l'angoisse que génère l'aventure de la grossesse. Ils sont donc très utiles pour se détendre, se préparer et mieux assumer son nouveau rôle de mère.

Témoignages

Olivia, maman d'Anton, 2 ans et demi

« Je faisais souvent le même rêve… J'accouchais d'un enfant âgé d'au moins 1 an, tout habillé et prêt à parler. J'étais horriblement déçue de ne pas avoir un nourrisson à nourrir, à câliner… Peut-être que ce rêve était annonciateur de la frustration que j'ai connue lors de mon accouchement par césarienne. »

Valérie, maman de Laurine, 3 mois

« Mon accouchement, j'ai dû le rêver mille fois. Je me souviens notamment de la nuit où j'ai imaginé que l'obstétricien sortait ma fille, me la posait sur le ventre puis me disait :

– "Oh, attendez, je crois qu'il y en a encore un !", extirpait un autre enfant puis s'écriait :

– "Mais il y en a combien là-dedans ?" avant d'en faire naître au moins 10 ! »

Simone, maman de Jean-François, 14 mois

« Dans mon rêve, nous étions deux à accoucher en même temps. Il n'y avait qu'un seul médecin pour toute la maternité : d'une main, il tenait la tête de mon bébé, de l'autre, il attrapait celle du bébé de ma voisine ! »

Précautions à prendre

Ce mois-ci, vous sentez sans doute un regain d'énergie : n'en profitez pas pour soulever des montagnes ! Si vous souhaitez faire des travaux dans la chambre du futur bébé, ne vous prenez pas pour une équilibriste en allant repeindre le plafond en rose dragée.

Soyez la « directrice de chantier » mais laissez le travail de manœuvre aux autres : le papa adorera sûrement préparer le futur nid de son enfant. S'il n'est pas bricoleur, demandez au tonton, au cousin, ou à un professionnel !

Vous pourrez l'aider, mais s'il vous plaît, oubliez les taches qui :

- vous font lever les bras trop longtemps ;
- vous obligent à porter des poids ;
- vous font respirer des produits nocifs ;
- comportent des risques de chute ;
- sont fatigantes.

En revanche, si les efforts violents et prolongés vous sont interdits, conserver une activité physique douce est tout à fait recommandé : des études à ce sujet démontrent qu'une femme qui maintient une bonne condition physique peut non seulement faciliter son accouchement, mais améliorer sa qualité de vie pendant et après sa grossesse. Nager, faire des exercices en piscine, rouler à bicyclette ou marcher représentent les activités les plus sûres et les plus bénéfiques sur le plan cardio-vasculaire.

En pratiquant régulièrement ces activités, la future maman peut améliorer sa forme, contrôler la prise de poids, diminuer le risque de lombalgie, atténuer les problèmes de varices ou de crampes, réduire le gonflement des pieds ou des chevilles, soulager les difficultés de digestion et adopter une meilleure posture...

Vous voilà prévenue !

V’là les crampes

Il est tout à fait possible qu'à partir de ce mois-ci, vous découvriez les joies des crampes nocturnes, grand classique dans les petits soucis des futures mamans.

Dues essentiellement à une carence en vitamine B6 et en magnésium, elles sont bénignes mais bien gênantes (vous veniez juste d'arriver à vous assoupir après que l'enfant ait joué à saute-mouton pendant une heure... et puis hop, vous vous réveillez en sursaut, la jambe raide et tétanisée !)

Au moment de la crampe :

- Tendre la jambe en tirant l'extrémité du pied vers vous.
- Réveiller son homme pour lui demander de nous tendre le pied fléchi vers le haut.
- Marcher sur un sol froid en prenant appui sur la jambe atteinte.

Avant qu'elles n'arrivent :

- Augmenter sa consommation de magnésium : eau (type Hépar), chocolat, banane (sans abuser !).
- Croire très fort en ce petit truc de grand-mère : glisser un morceau de savon de Marseille sous son drap-housse.

Suivi médical

Ce mois-ci, vous passerez la 3e visite médicale obligatoire... qui se déroulera comme les précédentes. Peut-être qu'à partir de maintenant, le médecin ou la sage femme seront plus attentifs encore à votre prise de poids : plus on avance dans la grossesse, plus l'on grossit rapidement. Pour que la pesée ne devienne pas une séance de torture, prenez soin de ne pas trop augmenter vos quantités de nourriture mais de veiller à varier et à équilibrer vos repas.

La 2e échographie, dite échographie « morphologique »

Cet examen obligatoire a lieu entre la 20e et la 22e semaine de grossesse : cette date est imposée puisqu'il s'agit de la période où l'on voit le mieux les organes et où les anomalies peuvent donc être le plus facilement détectées.

À cet âge, tous les bébés ont encore à peu près la même taille : on peut donc juger sa croissance en prenant les mesures du diamètre et du périmètre du crâne, de l'abdomen et du fémur.

Percentiles, c'est quoi ça ?

Au moment de l'échographie, votre obstétricien prend les mesures clés, puis les compare aux tables statistiques dont il dispose (moyennes établies sur la base de 10 000 futures mères), afin de situer votre bébé par rapport à ces références. Sur le compte rendu d'échographie, ces mesures vont apparaître en millimètres, mais aussi en percentiles.

Les percentiles permettent de situer les mesures prises pendant l'examen par rapport à la moyenne des statistiques.

Prenons un exemple : Le fémur de votre bébé mesure 43 mm à la 24e semaine d'aménorrhée, il se situe au 50e percentile, c'est-à-dire que 50 % des fœtus à ce stade ont une taille inférieure ou égale à 43 mm, et que 50 % des fœtus à ce stade ont un fémur plus grand.

S'il mesure 48 mm, il se trouve au 97e percentile, ce qui signifie que 97 % des fœtus ont une taille inférieure ou égale à 48 mm, et seuls 3 % des fœtus ont un fémur plus long à ce stade.

Tous les organes sont ensuite examinés: c'est le moment que choisit en général l'échographiste pour vous décrire ce que vous voyez (ou plutôt devinez) sur l'écran. Le cœur, les poumons, le crâne, le visage, les membres, etc. sont observés attentivement pour détecter toute malformation. L'épaisseur du placenta est étudiée; un Doppler permet de visualiser si les échanges sanguins entre la mère et l'enfant se font correctement. Le cordon ombilical et le liquide amniotique sont aussi mesurés et observés pour vérifier s'ils assument bien leur rôle. C'est évidemment à ce moment-là que vous pourrez découvrir le sexe de votre enfant.

Pour les parents qui ont choisi de savoir, ce moment est crucial! En effet, si votre enfant est un petit garçon ou une petite fille depuis des mois (le sexe se détermine dès la 6ᵉ ou la 7ᵉ semaine de vie, avec l'association des chromosomes du père et de la mère), vous ne l'apprendrez que lors de cette échographie.

Savoir ou pas?

Savoir

- On imagine plus facilement l'enfant.
- On peut choisir un prénom.
- On peut s'adresser à lui de façon plus personnelle.
- Le papa, pour qui la grossesse est très abstraite, peut mieux s'investir dans cette aventure.

À noter: 80 % des futurs parents d'un premier enfant souhaitent connaître le sexe de leur enfant.

Ne pas savoir

- Si l'on avait une préférence, le bonheur de la naissance efface la déception.
- On se réserve une « immense » surprise.
- On évite les commentaires de son entourage.

À noter: en général, c'est pour un deuxième enfant que l'on préfère garder le mystère.

Attention !

Pensez à prévenir le médecin dès le début de l'examen si vous ne souhaitez pas connaître le sexe de votre bébé. Il évitera de faire des plans très significatifs et de l'annoncer de manière intempestive !

Démarches à faire

Commencez à étudier les propositions qui vous sont faites pour la préparation à l'accouchement : méthode traditionnelle, yoga, sophrologie... à la maternité, chez une sage-femme, à domicile (si vous êtes alitée par exemple). Pour savoir quelle méthode vous conviendra le mieux, reportez-vous page 156.

Sexe et grossesse : les vraies questions

C'est un sujet tabou par excellence. Pourtant, enceinte, on a vraiment envie d'en parler... et de savoir comment les autres vivent leur sexualité pendant la grossesse. Complètement asexuées ? Limite nymphomanes ? Mal à l'aise mais pleines de tendresse et d'amour ? Commençons par faire un sort aux idées reçues pour y voir plus clair...

1. Faire l'amour peut faire mal au bébé. Bébé peut être blessé ou écrasé.

Non.

Bien protégé dans sa bulle (le sac amniotique fixé dans l'utérus) et séparé du vagin par le bouchon muqueux, Bébé ne craint rien.

Au contraire, il est maintenant prouvé que la détente provoquée par le plaisir sexuel est très positive pour l'enfant, la régénération du placenta, la circulation sanguine, etc.

2. Le bébé est témoin des ébats de ses parents.

Non.

Bien entendu, lorsque le ventre est déjà bien rond, que l'enfant « existe » comme une personne attendue et bien réelle, cette présence silencieuse peut être pesante et l'intimité à deux difficile à trouver. Rassurez-vous : si l'enfant est bien présent entre vous, il ne peut en aucun cas vous observer ou porter un jugement sur vos activités... Tentez de préserver des moments de complicité avec votre compagnon : bientôt, votre enfant pourra surgir dans votre chambre et là, il vous gênera vraiment !

3. Faire l'amour peut provoquer des fausses couches.

Non.

En dehors de toute contre-indication médicale (col ouvert, saignements, décollement du placenta, fissuration de la poche des eaux, etc.), rien n'interdit les rapports sexuels pendant la grossesse. Il faut savoir que les fausses couches qui surviennent dans les premiers mois sont le plus souvent « naturelles » (les embryons ayant des malformations chromosomiques ou non viables sont ainsi éliminés).

4. Faire l'amour à la fin de la grossesse peut provoquer l'accouchement.

Possible.

Le sperme contient de la prostaglandine, hormone qui provoque l'accouchement : proche du terme, le sperme pourrait stimuler l'ouverture du col de l'utérus. Légende ou vérité... rien n'est prouvé scientifiquement mais rien ne vous empêche d'essayer !

Entre nous, parlons un peu de la question cruciale... Que se passe-t-il réellement sous la couette pendant 9 mois ?

Si la grossesse est un grand bouleversement psychologique pour la maman, il est aussi une remise en question profonde du couple. Avec, au premier plan, la définition de nouveaux rapports amoureux, où la femme devient une autre, une mère, et où l'homme, un peu exclu de cette aventure, doit trouver de nouveaux repères...

Tous les couples connaissent des expériences différentes selon leur propre histoire, selon l'intensité de leur vie sexuelle avant la conception de Bébé... Tous les cas de figure existent : désir dopé ou anéanti, sensualité exacerbée ou bien inconfort du corps... Impossible de généraliser ! Pourtant, si chaque couple vit cette parenthèse de la grossesse sur un mode différent, quelques règles d'or peuvent être utiles à tous :

- Quelle que soit l'intensité du désir, il faut communiquer : ne pas laisser s'installer le non-dit, oser dire que ses envies sont en panne... ou alors rassurer son partenaire s'il est déboussolé face à une femme enceinte très très affectueuse...
- Rassurer son compagnon sur son amour : il faut juste prendre le temps nécessaire pour que chacun trouve sa place. Souvent il est bien utile de rappeler à l'homme qu'il ne sera pas lésé...
- Entretenir la tendresse, la complicité, les câlins... Il faudra sans doute mettre un frein aux galipettes spectaculaires mais toutes les caresses sont permises et même recommandées !
- Se réserver des moments « comme avant », des dîners en amoureux, des sorties « pour soi » (et pas seulement des courses dans les magasins de puériculture...), des attentions romantiques, etc.

Conseil

Moins votre vie amoureuse connaîtra de rupture, de long passage à vide, plus facile sera sa reprise après l'accouchement.

La sexualité après la naissance

Vous avez peur :

- d'être abîmée par l'accouchement et de ne jamais retrouver votre forme originelle ;
- d'être si fatiguée que faire un câlin serait assimilé à du temps de sommeil volé ;
- d'être trop à l'écoute de l'enfant pour vous détendre et vous « déconnecter » de votre bébé ;
- de vous laissez aller/de ne pas retrouver votre ligne/de ne pas vous sentir sexy, etc. ;

- de moins aimer votre compagnon.

Disons-le franchement, il faut un peu de temps pour que les choses rentrent dans l'ordre... pourtant, toutes vos craintes doivent se dissiper.

En effet :

- l'utérus met quelques jours pour retrouver sa taille, le vagin a besoin d'un mois pour reprendre sa forme, le périnée a souvent besoin d'une petite rééducation pour retrouver sa tonicité, l'épisiotomie met une quinzaine de jours à cicatriser... Après la remise en route de toute votre intimité, rien ne s'oppose au fait de faire l'amour.

Les blocages, fréquents, sont dans la tête :

- vous serez fatiguée, certes, mais dès que vous aurez trouvé un rythme de sommeil (en faisant notamment des siestes dans la journée en attendant que Junior fasse ses nuits), vous retrouverez votre forme ;
- pour retrouver une vie de couple après la naissance d'un enfant, la maman doit souvent faire un effort pour dégager du temps réservé à son chéri, pour se rendre disponible pour l'autre. Organisez-vous de façon à dîner en amoureux, à vous promener à deux, à voir des amis... et à reprendre le cours de votre vie sexuelle ;
- retrouver une vie de femme en débutant sa vie de jeune maman est parfois difficile... Vous savez qu'il faudra sûrement faire quelques efforts pour perdre les kilos superflus, pour accepter votre corps modifié, pour retrouver votre dynamisme. Motivez-vous !
- l'amour d'une femme pour son enfant ou pour son compagnon sont deux choses bien différentes... et l'un n'enlève rien à l'autre.

Notes

MON CHÉRI, TU NE DEVINERAS JAMAIS CE QUE JE VIENS D'APPRENDRE ! LA FILLE DE LÉNA VA PEUT-ÊTRE S'APPELER ODETTE, LE PRÉNOM DE LA GRAND-MÈRE PATERNELLE. TU IMAGINES LE TRAUMATISME ?

AH BON ?

JE NE COMPRENDS PAS LÉNA ! UNE FILLE AUSSI DYNAMIQUE, DÉCIDÉE ET ENTREPRENANTE... SE LAISSER INFLUENCER COMME ÇA PAR SON CHÉRI ! C'EST DINGUE, NON ?

PFFF...

DIS TOUT DE SUITE QUE ÇA NE T'INTÉRESSE PAS, CES HISTOIRES DE « FILLES ».

...

AU FAIT, COMMENT ELLE S'APPELLE TA GRAND-MÈRE ?

GEORGETTE !

Mois 6

M. et Mme Fassol ont un fils...

Vous êtes plutôt…?

La cool *De l'avant-garde avant tout*

Comme vous ne connaissez pas le sexe de votre enfant, vous avez dressé un tableau à deux colonnes où votre homme et vous notez les idées de prénoms qui vous plaisent. Vous détestez tout ce qui est conventionnel, classique… Vous voulez que votre petit sorte du lot ! Pour l'instant, vous hésitez entre Louka, Célian, Luane et Enoa.

Être la 5e Sophie de la classe vous a perturbée et vous souhaitez que votre enfant ne connaisse pas le même sort. L'originalité, c'est bien, cela aide à se distinguer, à ne pas se faire oublier… mais cela peut aussi être lourd à porter ! (Notamment quand, toute sa vie, on doit répéter son prénom au moins deux fois pour que les gens le comprennent !)

La sereine *Comme ses aïeux*

Chez vous, on s'appelle François de père en fils et d'oncles en cousins. Bien sûr, aux dîners de Noël, ils sont 12 à répondre quand on en appelle un ! Qu'importe, pour vous, c'est la tradition avant tout. Là où ça coince, c'est que dans la famille du papa, tous les hommes s'appellent Jean !

Respecter cet héritage familial est tout à votre honneur. Si le prénom n'est pas trop désuet, pourquoi pas ! En revanche, pourquoi ne pas offrir à cet enfant la chance de se distinguer un peu au cœur de la tribu ?

La paniquée *Avec un nom pareil…*

« Chéri, je t'aime. Mais tu as vraiment un nom impossible ! 5 syllabes, 12 consonnes… ça va être dur de trouver un prénom qui colle ! Moi, j'aimais bien Colombine, mais là, ça ne va pas aller…

On va devoir se rabattre sur du court : Léa, Lou, Li… je vais devoir m'y faire ! »

Souvent, le choix du prénom est un peu orienté par le nom de famille auquel il sera accolé. Pour éviter que le patronyme de votre enfant puisse faire partie de la liste des « M. et Mme ont une fille », réfléchissez bien avant de choisir !

Ce qui se passe pour Bébé

De la 25e à la 28e SA, de la 23e à la 26e SG

Ce mois-ci, tout devrait aller au mieux : vous êtes fière de votre ventre, vous pouvez vous promener tranquillement même si vous devez vous ménager de bons moments de repos, vous êtes sereine, détendue... C'est une des meilleures périodes !

25e semaine d'aménorrhée *23e semaine de grossesse*

Maintenant votre enfant est définitivement une petite fille ou un petit garçon : pour l'une, tout l'appareil génital est formé, pour l'autre, les testicules sont encore dans la cavité abdominale et ne descendront dans les bourses qu'au 8e mois de la grossesse (la descente peut parfois se faire jusqu'à 3 mois après la naissance).

Le cerveau établit tout son réseau de connexions nerveuses : les neurones se relient pour former un système très complexe qui continuera d'évoluer pendant de nombreuses années. L'ivoire commence à apparaître sur les bourgeons dentaires.

Bébé mesure 28 cm pour 560 g.

26e semaine d'aménorrhée *24e semaine de grossesse*

Les sens de Bébé évoluent très vite : son toucher se développe quand il se heurte aux parois de l'utérus, les sons le font réagir (et ils sont nombreux dans le ventre : battements cardiaques, digestion, bruits extérieurs, musique, voix de papa, etc.). Quand il ne dort pas, Bébé bouge beaucoup.

Il pèse maintenant 650 g pour 30 cm.

27e semaine d'aménorrhée *25e semaine de grossesse*

La pellicule de graisse qui recouvre bébé s'épaissit. Ses nerfs continuent leur maturation. Il grandit à vue d'œil: 32 cm pour 750 g!

28e semaine d'aménorrhée *26e semaine de grossesse*

Après l'ivoire, voici l'émail des dents qui se forme... La respiration continue et les poumons se remplissent toujours de liquide amniotique afin d'exercer sa cage thoracique. Le liquide est aussi avalé et Bébé le rejette en urinant. Il commence maintenant à « engraisser »: pour l'instant, c'est une fine couche qui s'installe sous sa peau.

Du coup, il pèse 870 g pour 33 cm!

Ce qui se passe pour vous

De la 25e à la 28e SA, de la 23e à la 26e SG

Votre corps

Combien de kilos avez-vous pris?

Votre médecin voudrait que vous lui répondiez entre 4 et 6... mais peut-être n'est-ce pas le cas? Si votre satanée balance vous indique un chiffre nettement supérieur, essayez de modérer votre appétit... vous vous en féliciterez plus tard!

Votre ventre s'est beaucoup développé: votre utérus passe maintenant bien au-dessus de votre nombril et votre cambrure s'accentue de plus en plus.

Comment reconnaît-on une femme enceinte de 6 mois?

- Mine radieuse (avec ou sans option « masque de grossesse »)
- Seins épanouis

- Souffle court
- Main sur la taille (« pour soulager »)
- Autre main posée sur le ventre (« pour communiquer »)
- Jambes type « poteau »
- Pieds en canard

Attention !

Vous commencez à avoir sérieusement mal au dos. Pour soulager cette tension permanente dans vos lombaires, votre médecin jugera peut-être utile de vous prescrire des séances de kinésithérapie : grâce à des massages, le kiné détendra vos muscles (le rêve absolu ! Rien que pour ça, suppliez votre médecin de vous prescrire quelques séances !). Il vous montrera également la bonne position à avoir (en basculant le bassin vers l'avant) et vous aidera ainsi à soulager toute seule votre dos. Enfin, il vous indiquera quelques exercices, faciles à réaliser chez soi, qui permettent de détendre la région lombaire.

En se développant, votre utérus appuie sur tous vos organes, et notamment sur le diaphragme et l'estomac. Ajoutez à cela que les hormones ralentissent la digestion… Vive les brûlures et les aigreurs ! Les remontées acides sont le lot de nombreuses femmes enceintes. Vous passez au travers ? Tant mieux. Vous buvez des pansements gastriques du soir au matin ? Bienvenue au club !

Pour échapper à cette fatalité, vous pouvez :

- fractionner les repas afin de ne pas avoir l'estomac trop rempli ;
- ne pas vous allonger tout de suite après un repas : dînez tôt ou attendez un bon moment avant d'aller dormir ;

- limiter la consommation de crudités (même si elles sont pleines de fibres et de vitamines !) ;
- éviter les aliments irritants : les cornichons, la moutarde, l'eau gazeuse, etc. et tout ce qui peut fermenter (toutes les variétés de choux notamment).

La gratouille

Parfois, vous êtes prise d'une frénétique envie de vous gratter le ventre. Vous ne pouvez pas vous en empêcher... au point de vous irriter sérieusement la peau !

C'est normal. En s'étendant, l'épiderme se dessèche et subit des tractions qui la rendent hypersensible... Au lieu de vous labourer la peau, hydratez-la encore plus. Demandez au pharmacien une pommade cicatrisante pour les zones les plus atteintes.

Émotions

Donner un prénom à son enfant relève de l'ordre de l'affectif, voire de la psychologie : c'est un cadeau que l'on fait à son enfant, en essayant de lui donner le meilleur qui soit...

Pour certains, c'est une évidence. Pour d'autres, un véritable casse-tête ! Difficile de s'y retrouver entre toutes ces influences sociales, historiques, culturelles, religieuses, familiales qui se mélangent et ne vous facilitent pas la tâche !

Les règles d'or

1. Méfiez-vous des prénoms très en vogue: non seulement ils risquent de se démoder rapidement, mais ils seront portés par un grand nombre d'enfants de la même génération que le vôtre.

2. Les jeux de mots formés par l'association prénom + nom ne font rire qu'un temps et seront toujours mal vécus par l'enfant. (Savez-vous qu'un grand nombre de calembours « M. et Mme ont un fils » existent réellement ?)

3. Assurez-vous que les initiales de votre enfant ne seront pas gênantes (parapher les 50 pages d'un contrat en notant WC, PQ ou PD peut être déplaisant…)

4. Respectez un certain équilibre : un prénom court pour un nom en plusieurs syllabes et inversement. Un prénom original avec un patronyme très fréquent et vice versa…

5. Si le prénom choisi a des diminutifs couramment usités, sachez que votre enfant n'y coupera pas. (Autant vous aimez Jonathan, autant Jojo vous déplaît.)

6. Trouvez un compromis entre votre désir d'originalité et les conséquences sur l'avenir de votre enfant qui, toute sa vie durant, devra expliquer d'où vient son prénom, comment il s'épelle, etc. (Il faut être Philippe Starck pour aller jusqu'à conceptualiser les prénoms de ses enfants : Ara, Oa…)

7. Essayez d'imaginer comment le prénom choisi suivra l'enfant au cours de sa vie : sera-t-il aussi plaisant pour un bébé, un ado, puis un homme mûr et enfin un papy ?

8. Imaginez-vous dans des tas de situations où des parents ont besoin d'appeler leur enfant et même de crier son nom (au jardin «…, arrête de mordre cette gentille petite fille », au

supermarché : « Le petit..., 3 ans, est attendu par sa maman à l'accueil du magasin »). Serez-vous toujours à l'aise avec son prénom ?

9. Si vous êtes sûrs de votre choix, annoncez-le à la famille pour le tester : vous aurez droit à toutes sortes de remarques car chacun aura son mot à dire.
10. Évitez les prénoms porteurs de « souvenirs » dans votre famille (même prénom qu'un enfant disparu, prénom de l'oncle ayant mauvaise réputation...).

Quel que soit votre choix, vous trouverez toujours quelqu'un pour vous dire :

- « Comment elle s'appelle ? Ociane ? Ah, c'est joli » avec une moue plus que dubitative.
- « Ah, il s'appelle Thomas ! Comme le neveu du fils de mon cousin ! »
- « Anthony ? Comme le fils de Delon ? »

Précautions à prendre

Prendre soin de ses jambes

Votre volume sanguin a augmenté + vous avez pris du poids + l'utérus comprime les veines + vous bougez moins...

... Vous accumulez les facteurs qui nuisent à la circulation sanguine et lymphatique ! Voilà pourquoi vos jambes sont gonflées, parfois rouges, vos veines et veinules apparentes, allant jusqu'à l'apparition de véritables varices (sur les jambes, la vulve, l'anus).

Vous suivez donc quelques recommandations simples : ne pas porter de vêtements ou de chaussures serrées, surélever les pieds dès que possible, terminer sa douche par un jet d'eau fraîche en remontant des pieds vers le haut des jambes...

Si tout cela se révèle inefficace, parlez de votre gêne à votre médecin, qui pourra vous prescrire un veinotonique.

Conseil

N'en rajoutez pas ! Évitez de trop saler votre alimentation pour ne pas accentuer la rétention d'eau (gardez cette habitude pour la suite !).

Dormir sur le côté gauche... avec un coussin !

Pourquoi ? Tout simplement parce que la veine cave, dont le rôle est de faire remonter le sang du bas du corps vers le cœur, se trouve du côté droit. Dès que l'utérus a un volume important, cette veine est comprimée, ce qui peut déclencher des malaises, des éblouissements, etc. En vous couchant sur le côté gauche, vous limitez cette pression.

Témoignage

Sonia, maman de Romane, 3 semaines

« À partir du 4e mois, j'ai dormi toutes les nuits avec mon traversin entre les jambes ! Philippe était furieux ! Moi, j'adorais ce soutien pour mon ventre et mes seins devenus très lourds. Et quand Philippe est en déplacement, je reprends mon traversin ! »

Oh oui ! Qu'il est agréable de glisser un coussin sous son ventre pour le soulager… Pour certaines, cela devient comme un véritable doudou : il faut perdre l'habitude de ce « compagnon » après l'accouchement !

En fait, si on fait bien les comptes :

un annuaire sous les pieds pour la circulation sanguine

+ un coussin sous le ventre

+ un oreiller sous la tête

Votre homme va devoir se faire tout petit !

Suivi médical

Ce mois-ci, vous passerez la 4e visite médicale obligatoire. Vous commencez à être rôdée puisque le déroulement est toujours le même…

Petit rappel

Tension artérielle, palpation du col de l'utérus, contrôle de l'albumine et du sucre dans les urines, mesure de la hauteur utérine, écoute du cœur du bébé, petit interrogatoire de routine sur votre état de santé, lecture des résultats d'analyse, prescription des analyses suivantes… Ah oui, j'allais oublier !… la pesée !

À partir du 6e mois, il vous sera prescrit une sérologie des maladies infectieuses ou virales dangereuses pour le bébé : toxoplasmose, rubéole, HIV, syphilis...

Vous êtes myope ?

Pensez à faire un petit tour chez votre ophtalmologiste.

Si vous portez des lentilles de contact, peut-être éprouvez-vous cette désagréable sensation d'avoir du sable dans les yeux ou de la glu sous les paupières... c'est la sécheresse oculaire ! Vous pouvez une fois de plus remercier les hormones qui, en imprégnant la cornée, perturbent un peu son hydratation. Si vous avez l'habitude de ce genre de désagrément, vous pourrez de vous-même utiliser des larmes artificielles pour y remédier.

Un examen du fond de l'œil par le spécialiste permettra de déceler tout risque de décollement de rétine : on dit que les très fortes poussées de l'accouchement pourraient déclencher un problème sur un œil fragilisé. Mieux vaut traiter avant !

Idée reçue

« Un enfant coûte une dent ! »

Non ! Au Moyen Âge peut-être, mais plus maintenant ! Ce vieux dicton correspondait sans doute à une réalité à l'époque où les femmes enceintes ne connaissaient pas l'importance du calcium pendant la grossesse, où leur nourriture en était dépourvue et où les carences dévastaient les sourires.

Aujourd'hui, il arrive que les caries soient plus nombreuses pendant la grossesse, mais pour de toutes autres raisons : entre deux nausées, on a plus volontiers envie de manger du sucré ; on fractionne les repas et on ne se lave pas les dents à chaque fois.

Rendez visite à votre dentiste: vous devez faire soigner vos caries (reporter les soins après la naissance risque d'aggraver très nettement la situation). En aucun cas, vous ne devez garder d'infection non traitée...

Démarches à faire

Les jours passent et la naissance approche. Trois mois plus tard, vous reprendrez le travail et il faudra confier bébé à une bonne âme qui voudra bien s'occuper de lui pendant que vous jouerez la comédie du retour au travail (vous direz aux collègues: « Wahou, enfin je sors un peu des couches, des vomis et des biberons stérilisés ! », mais en fait, vous pleurerez, cachée dans les toilettes en serrant un lange imprégné de son odeur).

Avez-vous déjà prospecté pour trouver cet endroit plus que parfait ou cette perle rare qui pourra s'occuper de Junior ?

Si ce n'est pas le cas, commencez vos recherches: dans les grandes agglomérations, certaines structures sont prises d'assaut des mois avant la naissance des enfants; les assistantes maternelles ayant bonne réputation sont assaillies par les demandes, etc.

Prévoyez dès maintenant ce qui se passera dans 6 mois: vous poursuivrez votre grossesse plus sereinement en sachant que tout est planifié.

1, 2, 3... prête ? Partez !
Ou la préparation à l'accouchement

Être enceinte, c'est, avant tout, suivre un chemin en sens unique, qui mène inexorablement au point final : l'accouchement. Pendant 9 mois, on ne pense qu'à ça, on imagine 1 000 scénarios, on cauchemarde ! On anticipe ce jour merveilleux, inoubliable, sublime, pour lequel toutes les mères du monde ont une version différente, si personnelle et si intime...

Objectif numéro 1 : Se rassurer

Comme un exploit sportif de haut niveau, l'accouchement nécessite une préparation physique et psychologique (un corps prêt à l'effort, un mental de battante !) : dans les starting-blocks, vous attendrez sereinement le top départ pour donner le meilleur de vous-même !

On le sait : l'inconnu fait peur... donc, mieux vaut s'informer !

Pendant les réunions de préparation, une partie théorique vous permettra de vous instruire sur le déroulement de la grossesse, les signes avant-coureurs de l'accouchement, toute la mécanique qui se met en branle pour permettre à l'enfant de naître. Vous rencontrerez d'autres femmes qui vivent la même aventure que vous : ainsi, vous pourrez échanger vos impressions, vos craintes, vos questions. De plus, si vous suivez votre préparation dans la maternité qui vous accueillera le jour J, vous découvrirez le décor et le rôle de ceux qui joueront avec vous la grande scène de la naissance.

Cet enseignement sera accompagné d'une partie pratique où la sage-femme vous apprendra quelques mouvements de gymnastique prénatale et vous initiera à la sophrologie pour vous détendre en profondeur.

Je vais demander une péridurale, pas besoin de préparation !

Que nenni, imprudente ! Bien sûr, depuis des années, la généralisation de la péridurale a apporté beaucoup de soulagement aux femmes. Pourtant, cette anesthésie n'est d'aucun secours contre l'angoisse ! Les informations que vous trouverez pendant les cours vous seront toujours utiles et puis… vous avez tout intérêt à savoir vous détendre si jamais la péridurale ne marchait pas !

À savoir

Les maternités proposent ces cours de préparation, en groupe, animés par des sages-femmes. Si vous souhaitez un suivi plus personnalisé, vous pouvez vous adresser à une sage-femme libérale ou à tout autre professionnel proposant une méthode particulière.

La Sécurité sociale prend en charge huit séances de préparation à l'accouchement, à condition que celles-ci soient prescrites par un médecin et réalisées par une sage-femme.

Et le papa ?

Il sera le bienvenu pendant ces cours où il pourra mieux comprendre le processus de l'accouchement, apprendre des gestes pour vous aider et vous soulager pendant le travail, etc. Vous seriez ravie qu'il vous accompagne… mais lui, a-t-il VRAIMENT envie de venir ?

Objectif numéro 2 : Trouver la méthode qui vous convient le mieux

Vous pouvez choisir de compléter ou de remplacer vos séances de préparation à l'accouchement classiques par d'autres techniques de relaxation. Selon vos goûts, votre caractère, trouvez celle qui vous conviendra le mieux.

Classique : l'accouchement sans douleur

Vous avez toujours entendu parler de la fameuse respiration « du petit chien » qui a aidé des générations de femmes à supporter la douleur. Cette méthode est encore pratiquée aujourd'hui, bien que la péridurale l'ait rendue quasi obsolète : on gardera de cet enseignement la technique de détente et de respiration qui permet de diminuer les tensions et de maîtriser la douleur.

Les cours peuvent être collectifs ou individuels.

Mystique : le yoga

Pourquoi ne pas vous initier à cette discipline à l'occasion de votre grossesse ? Basé sur la concentration, la maîtrise de soi et la respiration, le yoga est un excellent moyen de prendre conscience de toutes les parties de son corps, et de dominer ses émotions. Exactement ce qu'il vous faut ! Pratiquée régulièrement (l'idéal est une séance par semaine complétée par un travail quotidien chez vous), cette méthode offre d'excellents résultats.

8 séances peuvent être prises en charge par la Sécu si elles sont assurées par une sage-femme spécialisée dans cette discipline.

Planante : la sophrologie

Vous avez toujours rêvé d'arriver à vous détendre au point de vous endormir pendant quelques minutes, juste le temps de vous redonner la pêche ? Essayez la sophrologie pendant votre grossesse et continuez après la naissance : vous récupérerez beaucoup plus vite vos nuits sans sommeil !

De plus en plus utilisée par les sages-femmes pour la préparation à l'accouchement, la sophrologie permet d'apprendre à se détendre en suivant la voix du praticien, en visualisant et en relâchant peu à peu toutes les parties de son corps. Relaxée, vous pouvez mieux vous concentrer par exemple sur les poussées lors de l'accouchement.

Flottante : la gymnastique aquatique

En étant supporté par l'eau, le corps peut se relâcher et éliminer plus facilement les tensions (notamment les douleurs lombaires). Les exercices doux permettent de tonifier les muscles (abdos et périnée), de développer la souplesse et la respiration, et le massage de l'eau améliore la circulation sanguine.

Avant de vous inscrire, demandez à votre médecin si vous ne présentez aucune contre-indication pour ce genre de gymnastique.

Attention !

Pour que les séances soient prises en charge, il faut que le maître-nageur soit accompagné d'une sage-femme.

Tactile : l'haptonomie

Méthode tout à fait à part, l'haptonomie ne peut être combinée avec d'autres techniques. Son but n'est pas vraiment la préparation à l'accouchement, mais plutôt la communication avec le bébé (cela peut aider à se concentrer sur l'enfant pendant l'accouchement). Cette « science de l'affectivité » repose sur le toucher, grâce à des caresses, des pressions douces sur le ventre. L'enfant répond aux appels en venant se lover contre la main de son père ou de sa mère : il est alors invité à prendre une position plus confortable pour la maman.

Toute en douceur, cette méthode est pourtant déconseillée aux femmes dont le col de l'utérus est déjà ouvert.

Artistique : le chant prénatal

Cette méthode ne peut être considérée comme une préparation à l'accouchement (elle n'est d'ailleurs pas remboursée), mais plutôt une manière de rentrer en communication avec le bébé et d'établir des contacts qui se poursuivront après la naissance. En chantant, vous développez et maîtrisez votre souffle, tonifiez vos abdominaux, basculez le bassin. Les vibrations de votre voix sont ressenties par le bébé : apaisé dans votre ventre, il le sera après sa naissance en reconnaissant les mélodies que vous aurez chantées pendant la grossesse.

COMMENT VA LE FUTUR PAPA ?

IL EST TELLEMENT RAVI ! JE SENS QU'IL DEVIENT PLUS RESPONSABLE, PLUS MÛR... IL VEUT M'AIDER, M'ACCOMPAGNER AU COURS DE SOPHRO. IL EN FAIT MÊME UN PEU TROP : IL A PRIS TROIS KILOS « POUR ÊTRE À L'UNISSON » AVEC MOI !

QUELLE CHANCE ! J'AI L'IMPRESSION QUE PIERRE EST ASSEZ ANGOISSÉ. IL A OUVERT UN COMPTE ÉPARGNE, IL DIT QUE L'APPART EST TROP PETIT... POUR L'INSTANT, CE QU'IL APPRÉCIE LE PLUS, C'EST QUE L'ARRIVÉE DU BÉBÉ VA LUI DONNER L'OCCASION DE CHANGER DE VOITURE ! ET PUIS SA MÈRE NOUS A FAIT UN COUP DE STRESS : ELLE ESTIME ÊTRE TROP JEUNE POUR DEVENIR MAMIE ET NOUS A ANNONCÉ QU'ELLE NE SACRIFIERAIT PAS SES COURS DE ROCK ACROBATIQUE POUR GARDER LA PETITE... MAIS OÙ VA-T-ON ?

Mois 7

Bienvenue chez toi !

Vous êtes plutôt...?

La cool *Naturellement papa*

Pour vous et votre compagnon, avoir un bébé était la suite logique de votre histoire. L'amour, la vie en couple et maintenant, la famille... Tout cela s'est fait spontanément, sans programmation particulière. Devenir père lui semble naturel : il a déjà joué le rôle du grand frère dans sa tribu et finalement, ce n'est pas très différent !

Si certains sont terrorisés face aux responsabilités que représente la paternité, d'autres acceptent plus facilement cette entrée de plain-pied dans le monde des adultes-responsables-qui-doivent-assumer. Si votre chéri est de ceux-là, réjouissez-vous !

La sereine *Atterris un peu, papa*

Pendant toute cette grossesse, votre homme vous a semblé « ailleurs ». Au tout début, il a voulu organiser les prochaines vacances et vous a proposé un stage de plongée. « Mais enfin, à cette période, je serai enceinte de 7 mois ! – Ah oui, j'avais oublié ! » Comment peut-on être aussi distrait ? Plus tard, il vous demandait votre avis sur un petit coupé au coffre grand comme une boîte d'allumettes... n'ayant aucune notion de tout le barda nécessaire pour transporter un nourrisson !

Nombreux sont ceux qui vivent « de loin » la grossesse. Attendez que l'enfant soit là : la naissance a souvent l'effet d'un électrochoc qui les plonge tout de suite dans la réalité !

La paniquée *« Cot cot » fait le papa poule*

« S'il vous plaît, est-ce que mon mari peut faire du yoga lui aussi ? » Il faut dire qu'il est stressé, anxieux, totalement paralysé face à votre gros ventre ! Tout se mélange : son nouveau rôle (« comment ça c'est moi qui représente l'autorité ? »), le désir irrépressible de vous protéger (« donne-moi cet aspirateur, ce n'est pas à toi de faire ça ! »), ses craintes infondées (« ne mange pas de curry, Bébé va être tout jaune ! »), etc. Un candidat parfait pour la couvade !

Que d'angoisses pour ces hommes pour qui grossesse et bébé sont de vrais mystères ! Pour eux, un nourrisson ou un martien, c'est pareil : un inconnu dont ils veulent se faire un ami ! Avec un peu de pratique (sous votre surveillance !), ces papas craintifs deviendront des pros de la layette !

Ce qui se passe pour Bébé

De la 29e à la 32e SA, de la 27e à la 30e SG

Vous entrez maintenant dans le 3e trimestre ! À partir de là, votre bébé est viable : souhaitons-lui de profiter encore quelque temps de son petit nid dans votre ventre ! En effet, une naissance au 7e mois ferait de lui un grand prématuré, avec tous les risques que cela comporte pour son avenir. Continuez donc de vous préserver pour avoir le bonheur de couver le plus longtemps possible !

29e semaine d'aménorrhée *27e semaine de grossesse*

Tous ses organes continuent leur perfectionnement : dans les poumons par exemple, les bronches ont terminé leurs subdivisions et sont maintenant remplies de liquide amniotique (il sera très vite chassé à la naissance).

Bébé pèse 1 kg pour 34 cm.

30e semaine d'aménorrhée *28e semaine de grossesse*

Ses mouvements respiratoires sont maintenant coordonnés, proches de ceux qu'il aura après la naissance. La température de son corps commence à se réguler, notamment grâce à la couche de graisse qui se développe sous sa peau.

Il rêve ! On observe chez lui des ondes proches du sommeil paradoxal chez l'adulte.

31e semaine d'aménorrhée *29e semaine de grossesse*

La membrane qui recouvrait ses yeux s'est fendue. Pourtant, la lumière n'arrivant pas jusqu'à lui, il ne voit rien ! Il reconnaît maintenant les sons et les voix. Son goût se développe aussi puisqu'il est désormais sensible aux différentes saveurs du liquide amniotique (selon ce que vous mangez). Il peut avoir le hoquet et vous faire sursauter vous aussi !

Bébé mesure 36 cm et pèse 1,3 kg.

32e semaine d'aménorrhée *30e semaine de grossesse*

Approchant des 37 cm et de 1,5 kg, Bébé remplit presque complètement votre cavité utérine : ses mouvements se réduisent et le liquide amniotique diminue pour lui laisser un peu plus d'espace.

Pour les petits garçons, les testicules commencent à descendre vers les bourses.

Ce qui se passe pour vous

De la 29e à la 32e SA, de la 27e à la 30e SG

On peut dire que maintenant, les choses sérieuses commencent !

Votre corps

Poids

Votre poids, par exemple, va maintenant augmenter beaucoup plus rapidement (en parallèle avec celui du bébé). Vous avez l'impression que vous digérez vitesse grand V tout ce que vous mangez : il faut tout le temps réalimenter la chaudière ! (et bien sûr, continuer de veiller à ne pas surdoser... que c'est compliqué !).

Pour la première fois, vous avez le sentiment d'avoir gonflé de partout et d'être lourde : vous avez perdu l'entrain et le dynamisme du 2e trimestre et de ce fait, vous vivez un peu au ralenti.

Seins

Vos seins sont parés pour l'allaitement : si vous pressez le mamelon, vous verrez sans doute perler un peu de liquide jaune, le colostrum, sécrété avant le véritable lait.

Allaiter ? Biberonner ?

Peut-être que la question ne s'est pas posée : vous souhaitez allaiter depuis toujours ou bien cela ne vous a jamais tenté.

Pour celles qui hésitent encore, le dilemme est de plus en plus fort. Voici un petit tableau présentant les aspects positifs de chaque méthode. Cochez les idées qui vous semblent les plus importantes, comptez les points… et décidez-vous !

J'allaite

Votre lait est le meilleur pour votre enfant : riche en anticorps, facile à digérer, parfaitement dosé… il est fabriqué spécialement pour lui !

Je peux nourrir mon enfant sans contraintes, quand je veux et où je veux.

Allaiter, c'est gratuit !

On partage des moments de grande tendresse, de « fusion » avec son enfant.

On retrouve plus facilement sa silhouette (l'utérus reprend plus vite sa forme, les kilos sont mieux éliminés quand on allaite au moins 6 mois).

Je donne le biberon

Si vous êtes pudique et gênée par l'allaitement que vous trouvez « animal », le biberon est l'alternative qui vous convient.

Le lait industriel répond très bien aux besoins nutritionnels de l'enfant, il est scrupuleusement contrôlé et bien toléré.

Le papa peut partager des moments d'intimité avec son bébé.

On évite toutes les difficultés du sevrage au moment de reprendre le travail.

On sait exactement quelle quantité l'enfant a bue et l'appétit est plus facile à régulariser.

Manque de sommeil

Vous avez connu les somnolences du premier trimestre et les roupillons inopinés (sur votre bureau, dans la salle d'attente du médecin, sur un fauteuil dans un magasin de meubles, etc.). Vous avez goûté au confort des trois mois suivants. Vous allez découvrir avec joie le « sommeil en pointillés » du grand sprint final...

Pendant les trois derniers mois, les nuits sont de moins en moins calmes. Nos grands-mères disent qu'ainsi, la future maman s'habitue progressivement au rythme de l'après-naissance : un réveil toutes les 3 heures... Mieux vaut se préparer à l'avance !

Le bébé s'agite, vous avez du mal à déconnecter vos pensées (l'accouchement devient votre sujet principal de réflexion), vous ne trouvez pas de position confortable, vous avez chaud...

Conseils

Préférez des murs de couleur claire et unie avec des touches de couleur (rideaux, petits tableaux, toise, lampe).

Souvent, on choisit des tonalités pastel (beige, bleu ou rose pâle, coquille d'œuf, etc.), synonymes de douceur et de tendresse. Pourtant, un univers tonique, avec des couleurs « pétantes » peut être très gai et stimulant !

Petits conseils pour limiter les dégâts :

- Dînez légèrement.
- Buvez une tisane, du lait chaud, croquez une pomme.
- Ne laissez pas passer le « train du sommeil », au risque de devoir attendre le suivant (peut-être 3 heures plus tard).
- Si vous vous réveillez au milieu de la nuit, plutôt que de vous énerver en tournant dans le lit, levez-vous, allez aux toilettes (évidemment !), buvez un verre d'eau.
- Empêchez-vous de penser : souvent, en se réveillant, l'esprit se met en marche et il est ensuite impossible de retrouver le sommeil. Comment faire pour ne pas réfléchir ? Compter les moutons se révèle totalement inefficace. Vous pouvez vous chanter mentalement une chanson en vous concentrant sur les paroles, réciter un poème, écouter la radio, en particulier les émissions culturelles de la nuit, très lénifiantes.

Émotions

Vous avez assisté à vos premiers cours de préparation à l'accouchement… et vous vous surprenez à « respirer-bloquer-pousser » dans le bus, à la boulangerie, en regardant la télé ! L'accouchement devient maintenant le centre de toutes vos préoccupations : vous l'imaginez, vous écoutez les récits de toutes les mères qui vous entourent (et sont toujours prêtes à vous donner moult détails), vous en faites une fixation…

Pourquoi toutes les femmes aiment-elles raconter leur accouchement ?

- Parce que c'est sans doute un des événements les plus importants de leur vie.
- Parce que l'on a toujours l'impression qu'il s'est passé quelque chose d'« extra » ordinaire, du genre : voiture qui ne démarre pas, péridurale inefficace, heures interminables passées à hurler à la mort, papa qui tourne de l'œil, etc.
- Parce qu'une femme qui est déjà passée par là se sent « dans l'autre camp », celui des héroïnes de guerre, ce qui lui donne le droit (pense-t-elle) de vous raconter ses exploits.
- Parce qu'un tel moment de bonheur, même des années après, on a encore envie d'y penser.

Précautions à prendre

Plus que jamais, le repos va devenir une nécessité absolue. Vous entrez dans la période bénie où vous pouvez minauder sans complexes.

Suivi médical

Ce mois-ci, pour la 5e visite obligatoire chez le médecin, vous êtes comme chez vous (vous êtes tellement rôdée maintenant !).

Pesée, tension artérielle, contrôle des urines, hauteur utérine, palpation du col… il n'y a plus de surprise ! (C'est limite lassant ces visites…)

Le grand bonheur pourtant, c'est toujours d'entendre battre le cœur de son bébé.

Quiz

Le nid douillet est-il prêt ?

1. Enceinte de 6 mois, vous avez déjà...

A. ... tout lessivé, repeint, décoré. On ne sait jamais.
B. ... choisi et commandé la chambre sur le catalogue.
C. ... acheté un tournevis pour monter le lit à barreaux en kit.

2. La chambre est prête. Elle est...

A. ... comme un cocon, avec des nounours et des angelots partout.
B. ... brute. À peindre.
C. ... fonctionnelle, pratique... et évolutive.

3. Vous allez vous en servir des centaines de fois. La table à langer...

A. ... une planche bricolée par le papa.
B. ... sur un coin de lit. Pas assez de place.
C. ... bien stable, proche d'un lavabo, équipée de petits paniers pour ranger tout le nécessaire.

4. Constituer le trousseau de son futur bébé est un des plaisirs de la grossesse. On rêve, on se projette... et on dépense ! Pour votre futur top model...

A. ... du confortable, du solide, du pratique... et quelques jolies choses pour se faire plaisir !
B. ... vous avez craqué pour des tonnes de vêtements... de la taille 0 à 24 mois.
C. ... rien à acheter ! On nous a tout offert, ou donné...

5. On dit qu'il faut tout préparer à l'avance, pour pouvoir partir accoucher à n'importe quel moment. Le sac pour la maternité...

A. ... est devant la porte depuis le cinquième mois.
B. ... est devant la porte depuis le septième mois.
C. ... est devant la porte... mais vide.

6. Les dernières semaines, vous n'avez pas trop envie de bouger. Pour occuper votre temps, vous avez...

A. ... passé des commandes sur le Net.
B. ... parlé des heures au téléphone.
C. ... tricoté une couverture.

7. On vous conseille de cuisiner en grandes quantités pour surgeler des petits plats à ressortir les jours où vous serez débordée, une fois que bébé sera là...

A. Des surgelés ? La base de votre alimentation ! (Mais vous les trouvez déjà tout faits dans des magasins dont c'est la spécialité...)
B. C'est ce que vous faites déjà, habituellement.
C. Vous allez essayer... mais vous n'êtes pas sûre que manger deux fois des lasagnes ratées soit une bonne idée !

8. La fameuse « frénésie de ménage », caractéristique de la fin de la grossesse, vous la vivez comment ?

A. Sans gros changement avec mes habitudes... J'ai toujours le chiffon à la main !
B. C'est un mythe ! La maison est propre... mais pas stérilisée !
C. Je la ressens... J'ai envie que tout soit nickel pour l'arrivée de mon bébé !

Si vous avez une majorité de ☼
Les parents « on est des pros ! »

Alors vous, vous êtes « jusqu'au-bout-istes » ! La perfection, ou du moins le désir de perfection, est votre objectif, votre motivation, votre mode de vie ! On peut dire que l'arrivée du futur petit roi est vraiment préparée, planifiée, réfléchie... Il semble que rien ne puisse troubler votre belle organisation ! D'un côté, c'est positif : quand le bébé arrive, c'est une telle révolution qu'il vaut mieux que l'intendance ne soit pas un problème. D'un autre côté... n'êtes-vous pas en train de vous mettre une pression inconsidérée sur les épaules ? Vous avez droit à l'erreur ! Vous pouvez ne pas être parfaite... et votre bébé préférera sans doute que vous passiez du temps avec lui plutôt que de vous voir laver les vitres...

Si vous avez une majorité de ☁
Les parents « on s'adapte ! »

Évidemment, vous voulez que tout soit pour le mieux pour votre enfant... mais vous n'êtes pas une machine ! Vous faites comme vous pouvez, avec les moyens dont vous disposez (c'est-à-dire votre sens de l'organisation parfois défaillant).

De toutes façons, vous allez voir que, dès la naissance, vous allez connaître ce sentiment propre à toutes les mères : la culpabilité ! Vous aurez toujours l'impression de ne pas en faire assez... Alors, dès maintenant, adoptez cette méthode : faites de votre mieux, pour avoir la conscience tranquille, gérez les situations comme vous pouvez... et, rassurez-vous, votre enfant vous aimera malgré vos erreurs !

Si vous avez une majorité de ⚡
vous êtes vraiment paniquée

On peut dire que vous n'êtes pas une pro du ménage, ni de l'organisation, ni de la cuisine... Mais, ce qui est positif, c'est que vous vivez très bien la situation ! Évidemment, il vaudrait mieux que vous fassiez l'effort de préparer un minimum l'arrivée du Petit-bout pour ne pas être totalement noyée quand il sera là. Mais sans doute votre habitude de l'improvisation et votre état d'esprit optimiste vous permettront-ils de réagir au bon moment... Veillez tout de même à assurer la sécurité de votre enfant : certains points doivent être considérés avec rigueur (équipements aux normes, propreté des biberons, etc.). Des parents sereins, c'est déjà un gros atout pour ce futur bébé !

La chambre : tout n'est que douceur, calme et sécurité

Il est grand temps, maintenant, que vous entamiez la course finale (qui vous semblera bien longue), de préparer l'arrivée de ce Petitbout, notamment en lui aménageant un espace bien à lui, histoire qu'il soit à l'aise tout de suite, le cher ange.

Le plus souvent, quand il s'agit d'un premier enfant, une chambre a été prévue pour son arrivée. Notez bien que la femme enceinte est une grande pourvoyeuse de déménagement, son instinct maternel naissant lui intimant l'ordre de quitter le charmant nid d'amour (18 m^2 avec kitchenette et placard salle de bains) qu'elle occupait jusqu'alors avec le futur papa pour intégrer un appartement plus familial, avec chambre « spécial bébé » et baignoire, s'il vous plaît.

Le décor

Bien entendu, si tout votre mobilier est de style Louis XV, vous ne serez certainement pas tentée par une tapisserie « Winnie dans la jungle » pour décorer la chambre de Junior (attendez un peu : dans 4 ans, vous lui serez reconnaissante de ne pas avoir choisi la frise Batman mais plutôt les stickers amovibles pour ses murs).

Dans ce domaine évidemment, chacun fait ce qui lui plaît. Quoi qu'il en soit, avant de vous lancer dans les travaux d'aménagement, il est vivement conseillé de suivre quelques règles de sécurité élémentaires, pour offrir à Petitcœur un univers adapté à ses besoins.

Le sol

La moquette est loin d'être la panacée : nid à poussière, elle n'est pas l'amie des doigts chocolatés, des feutres indélébiles et autres grenadines renversées... mieux vaut éviter. Si vous n'avez pas le choix et que la chambre est moquettée, soyez obsédée par l'hygiène : abusez de traitements anti-acariens, passez l'aspirateur le plus souvent possible, louez une shampouineuse une fois par an. Le parquet et les revêtements plastiques se nettoient très facilement.

En revanche, ils ne sont pas très agréables en terme de confort (notamment pour se rouler par terre, ce qui arrive plus souvent qu'on ne le croit). Optez pour l'option tapis (auxquels vous réserverez le même sort qu'à la moquette) : les magasins de puériculture proposent des modèles très colorés et faciles à laver, parfaitement adaptés.

Le carrelage : rare dans les chambres... mais on ne sait jamais. Trop froid et trop dur pour les bébés rampeurs, essayez de le recouvrir d'un autre revêtement ou bien de placer plusieurs tapis.

Les murs

Si vous changez la tapisserie, optez pour quelque chose de sobre (le total look nounours finit par être très lassant) : vous pourrez plus facilement faire évoluer la décoration. Vérifiez que votre choix se porte sur un modèle lessivable (vous comprendrez pourquoi dès que votre petit chéri saura retirer le capuchon d'un stylo).

Si vous comptez repeindre la pièce, utilisez des produits non toxiques, sans odeur ni solvants. Il existe même des peintures « spéciales chambre de bébé », traitées anti-acariens.

Si vous laissez la peinture en place, veillez à ce qu'elle ne soit pas trop ancienne et surtout qu'elle ne contienne pas de plomb (très dangereux si le bébé respire des particules ou des poussières).

Conseils

Préférez des murs de couleur claire et unie avec des touches de couleur (rideaux, petits tableaux, toise, lampe). Souvent, on choisit des tonalités pastel (beige, bleu ou rose pâle, coquille d'œuf, etc.), synonymes de douceur et de tendresse. Pourtant, un univers tonique, avec des couleurs « pétantes » peut être très gai et stimulant !

Les meubles

Le lit

Élément indispensable de la chambre, c'est là que bébé va passer le plus clair de son temps pendant les premiers mois de sa vie ! De très nombreux modèles sont disponibles, mais les consignes de sécurité sont les mêmes pour tous.

Pensez à choisir un lit multipositions : la hauteur du matelas doit être réglable ou encore, les barreaux doivent pouvoir s'abaisser.

Choisissez un matelas parfaitement adapté au lit (il ne faut pas que le bébé puisse glisser entre les deux). Vérifiez que le maintien est ferme : Bébé ne doit pas s'enfoncer.

Vous aurez la bonne idée d'acheter deux alèses plastifiées qui seront précieuses pour protéger le matelas.

Vérifiez que les roulettes du lit peuvent être bloquées, au risque de le retrouver au milieu de la chambre dès que bébé aura la force de secouer les barreaux...

La table à langer

Il existe autant de modèles que de besoins : peut-être avez-vous un coin qui fera l'affaire dans la salle de bains ? Ou bien voulez-vous investir dans une commode avec plan à langer amovible? Ou tout simplement avez-vous préféré les combinés table à langer/baignoire...

Peu importe! L'essentiel est que l'endroit soit pratique:

- vous devez pouvoir disposer de tous les produits sous la main: rassemblez-les dans une boîte en plastique, vous saurez toujours où se trouvent les flacons indispensables;
- Bébé doit être en sécurité: pas de risque de glisser, ni rouler (vérifiez les fixations du plan à langer);
- la hauteur doit être adaptée à votre taille: vous allez l'utiliser plusieurs fois par jour, pendant des mois. Pas question d'avoir mal au dos!

Certaines mamans ne s'encombrent pas de tout ça et choisissent une solution encore plus simple: changer bébé sur le lit ou par terre, posé sur un matelas rembourré. Cette méthode assure une grande sécurité: pas de risques de chutes! Elle est bien adaptée aux logements exigus, puisque, une fois l'opération terminée, le matelas peut se glisser derrière une porte ou sous un lit.

Les rangements

- **pour les vêtements.** Au début, vous trouverez que l'armoire de bébé est vide tant ses vêtements sont petits! Bien entendu, cela n'a qu'un temps... Les mois passant, vos tiroirs et étagères vont se remplir bien vite. Vous aurez alors besoin de faire du vide: pas question de garder tous les bodys taille 3 mois à côté des salopettes 2 ans que bébé porte maintenant!

Pensez aux boîtes en plastique, hermétiques et empilables, que vous pourrez entreposer au grenier ou à la cave.

Une autre méthode est encore plus radicale: prêtez ou donnez les vêtements dont vous ne vous servez plus! C'est incroyable comme on dégage de l'espace avec cette technique!

• **pour les jouets:** de même que pour les vêtements, vous allez très vite être envahis par les hochets, cubes et autres pyramides d'anneaux en mousse.

Pour conserver de l'espace vital, rangez ! Après les avoir lavés et réparés, triez les jouets par tranche d'âge. Placez-les dans des cartons et notez soigneusement leur contenu.

Pour votre prochain enfant, vous ferez un tour à la cave ou au grenier... et ressortirez au fur et à mesure les jouets adaptés.

Sécurité

Pour l'instant, votre bébé tout neuf ne cherchera pas à mettre les doigts dans la prise, mais l'idée lui viendra très vite.

Pour assurer sa sécurité, mais aussi pour vous rassurer (les brefs instants où vous le quittez des yeux), équipez sa chambre et le reste de la maison de tous les accessoires indispensables comme les caches-prises, les bloque-portes, les coins en plastique pour les meubles à angle aigu, ou encore la barrière en haut des escaliers, les cadenas pour les placards contenant des produits dangereux, etc.

Notes

ALORS LÉNA, TA VALISE EST PRÊTE ?
LA MIENNE ATTEND À CÔTÉ DE LA PORTE
DEPUIS DÉJÀ UN MOIS...

JE CROIS QUE TOUT EST OK. HIER, J'AI ENCORE
VÉRIFIÉ LE NOMBRE DE BODY ET DE CHAUSSETTES.
J'AI PRIS DU CHAUD, DU LÉGER, DE LA LAINE, DU
COTON... J'AI DÛ EMPORTER DEUX FOIS TROP DE
TRUCS, MAIS ON NE SAIT JAMAIS !

NE M'EN PARLE PAS ! JE CROIS QUE
J'AI DÛ LA FAIRE ET LA DÉFAIRE AU MOINS
DIX FOIS... JE ME FAIS TELLEMENT PLAISIR EN
PLIANT ET DÉPLIANT CES PETITES AFFAIRES !... AÏE !

QU'EST-CE QUI T'ARRIVE ?
TU ACCOUCHES ?

OH... AÏE AÏE AÏE... IL VIENT DE FAIRE UN
SALTO ARRIÈRE AVEC TRIPLE BOUCLE PIQUÉE !

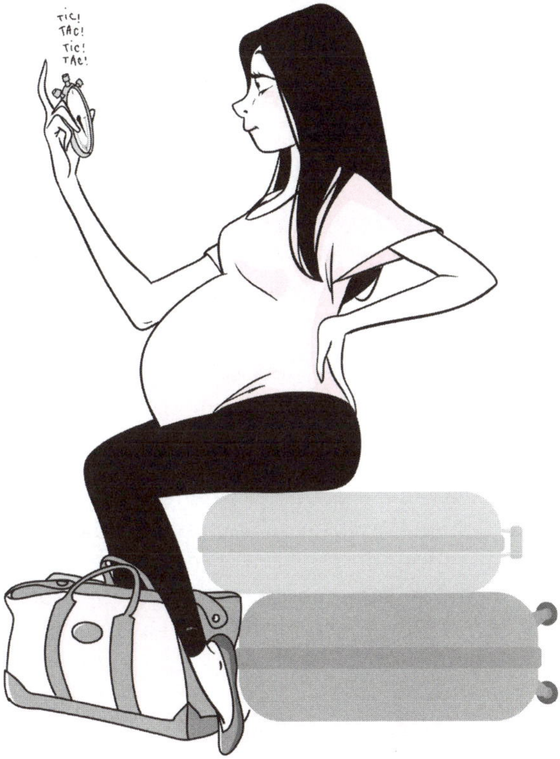

Mois 8

Dans les starting blocks

Vous êtes plutôt...?

La cool *Système D*

Si la valise est prête? À 34 semaines de grossesse, vous avez déjà acheté quelques petites choses (un lot de body et trois pyjamas) mais vous n'êtes pas du genre très organisé et il vous manque la moitié du trousseau nécessaire... Votre mère vous le reproche assez d'ailleurs!

En fait, vous attendez que votre copine qui a accouché il y a 2 mois vous donne les affaires dont elle n'a plus besoin: tout est neuf!

Se faire prêter du matériel ou des vêtements permet de faire de grosses économies. Il est vrai qu'un premier enfant, c'est tout un budget! Profitez donc de la générosité de vos proches... Mais pressez-vous un peu car maintenant, votre valise doit être bouclée: bébé peut décider de montrer le bout de son nez d'un moment à l'autre!

La sereine *Juste ce qu'il faut*

À chaque rentrée scolaire, vous adoriez aller acheter les fournitures avec votre liste à la main. Aujourd'hui, vous retombez en enfance! La maternité vous a indiqué le matériel nécessaire et vous allez suivre à la lettre leurs recommandations. Prévoyante, vous ne prenez que l'essentiel et attendez que bébé soit là pour connaître sa taille et son poids.

Sage décision! Il ne sert en effet à rien d'avoir 10 «dors bien» taille naissance si votre poupon très dodu porte tout de suite du 1 mois! De plus, vos proches et vos amis vont certainement vous faire des cadeaux et bientôt, vous aurez de quoi habiller Chouchou jusqu'à la saison prochaine!

La paniquée *Gravure de mode*

Avouez-le ! Vous avez un peu fait chauffer la carte bleue... Mais comment faire pour résister devant ces vêtements si craquants ? Comment se raisonner et ne pas trouver divine cette petite robe fleurie, même si l'armoire de Petite Princesse est déjà pleine à ras bord ? En fait, vous profitez de l'arrivée de votre bébé pour vous laisser aller à vos excès de fashionista...

Si vous pouvez vous permettre de telles dépenses, faites-vous plaisir ! La plupart des vêtements que vous allez acheter ne seront portés qu'une ou deux fois... Mais vous aurez sûrement la générosité d'en faire profiter d'autres enfants plus tard !

Ce qui se passe pour Bébé

De la 33e à la 36e SA, de la 31e à la 34e SG

Là, c'est sûr, on ne peut pas vous louper : gros ventre, dos cambré, traits tirés par la fatigue... vous avez une vraie tête de femme enceinte ! De son côté, Bébé est en train de se faire une beauté : à partir de maintenant, il va se « remplir », se défriper pour devenir tout dodu ! Pourtant, même si vous souhaitez qu'il profite au maximum de sa cure de « mise en forme », vous commencez à trouver le temps long et à attendre la naissance avec une impatience grandissante. On appelle bien ça la « délivrance », non ?

33e semaine d'aménorrhée *31e semaine de grossesse*

« C'est trop petit ici ! » : Bébé commence à se sentir à l'étroit dans votre ventre qu'il occupe entièrement. Ses mouvements sont de moins en moins amples, d'ailleurs, il voit venir le moment où il ne pourra plus bouger... du coup, il tente une dernière cabriole pour mettre la tête en bas et prendre la position du départ !

Maintenant, il pèse 1,7 kg pour 39 cm.

34e semaine d'aménorrhée *32e semaine de grossesse*

Pour bien grandir et allonger ses os, il fait une incroyable consommation de calcium, dont vous êtes son fournisseur exclusif ! Ses ongles poussent et sa peau commence à se défroisser grâce à la couche de graisse qu'il se constitue.

Cette semaine, il atteint presque les 2 kg pour 40,5 cm !

35e semaine d'aménorrhée *33e semaine de grossesse*

Les jambes recroquevillées, le menton sur les genoux, les bras pliés, Bébé continue de se développer et d'exercer ses fonctions vitales : la respiration, l'élimination de l'urine ont presque leur rythme définitif. D'ailleurs, il filtre tellement de liquide amniotique que tout le contenu de sa poche est renouvelé en trois heures...

De mieux en mieux... votre poupon pèse 2,1 kg pour 42 cm.

36e semaine d'aménorrhée *34e semaine de grossesse*

Maintenant, il est prêt pour la sortie : tous ses organes sont matures, ses bronches notamment sont recouvertes d'une substance appelée « surfactant », prévue pour empêcher aux poumons de se rétracter lors de sa première inspiration. Il va désormais poursuivre sa prise de poids (ce qui lui permettra de mieux réguler sa température une fois sorti de son cocon tout chaud).

Le voilà qui mesure 43 cm pour 2,3 kg.

C'est par où la sortie ?

Présentation par la tête

95 % des bébés se présentent la tête en bas, le sommet du crâne appuyant sur le col de l'utérus.

Ils prennent cette position au cours d'un dernier retournement, en général au 8e mois, afin d'être prêt pour le grand départ. En fait, Bébé cherche la position la plus confortable pour attendre le grand jour : l'utérus plus large en haut peut accueillir facilement ses fesses et ses jambes alors que sa tête a suffisamment d'espace dans le bas de l'utérus.

Les 5 % restant, ceux qui veulent se faire remarquer tout de suite, adoptent différentes positions.

Présentation par le siège

Bébé montre ses fesses ! Deux options sont possibles : le siège complet (bébé est assis en tailleur) ou décomplété (les jambes sont relevées, les pieds à la hauteur du visage).

Les causes : un utérus malformé, cloisonné, étriqué ou trop vaste (grossesses nombreuses), Bébé prend une mauvaise position et ne peut plus bouger, etc.

Solutions : l'obstétricien décide entre l'accouchement par voie basse (si le bassin de la maman est assez large) et la césarienne (quasi obligatoire pour les sièges décomplétés).

Allez, s'il te plaît, retourne-toi...

Souvent, quand l'échographie a décelé une présentation par le siège, le médecin ou la sage-femme peuvent tenter une manipulation par l'extérieur, une « version », afin de montrer le bon chemin au bébé...

Sous monitoring et avec des contrôles par échographie, on appuie sur le ventre avec des mouvements circulaires pour inciter l'enfant à changer de position. La technique n'a qu'une efficacité relative, mais il est toujours utile d'essayer.

Présentation par la face ou le front

La tête est rejetée en arrière, et son diamètre est trop important par rapport à celui de la porte de sortie. L'accouchement normal est souvent très difficile et la césarienne fréquemment proposée.

Ce qui se passe pour vous

De la 33e à la 36e SA, de la 31e à la 34e SG

Votre corps

Votre ventre est très proéminent, bien tendu... et on l'espère, pas trop zébré par les vergetures (continuez d'hydrater et de graisser votre peau au maximum).

Mon nombril va-t-il reprendre sa forme initiale ?

Le phénomène est fréquent mais pas systématique : sous la pression des organes et avec la tension de la peau, le nombril de certaines femmes enceintes ressort à mesure que le ventre grossit. Pas d'inquiétude ! Vous pourrez de nouveau porter vos petits tops « nombril à l'air » après avoir accouché... Enfin, dès que vous aurez retrouvé votre ligne de jeune fille !

Est-ce que je garde mon piercing?

Normalement, il n'y a pas de contre-indications. Après, c'est une histoire de goût : si vous souhaitez encore plus mettre en valeur vos rondeurs, pourquoi pas !

De plus en plus souvent, vous sentez que votre ventre se contracte : comme un sportif, votre utérus s'entraîne au marathon qu'il devra tenir le jour J. On appelle ces contractions irrégulières le « faux travail ». Les « vraies » contractions, elles, permettent de dilater le col de l'utérus alors que celles que vous ressentez maintenant sont inefficaces.

Elles seront plus nombreuses quand vous serez fatiguée ou énervée : prenez du repos et détendez-vous, elles s'espaceront. N'hésitez pas à en parler à la sage-femme ou au médecin si celles-ci vous gênent ou vous inquiètent.

Vos difficultés et autres ennuis s'accentuent : fatigue, jambes gonflées, douleurs dorsales, respiration plus difficile, pertes vaginales, etc.

Vous surveillez votre poids mais vous avez parfois l'impression que vous ne maîtrisez plus grand-chose : attention ! Dame Nature vous a gardé son épreuve la plus difficile pour la fin ! Vous avez la sensation que Bébé vous « pompe » le sang, qu'il a la bouche grande ouverte au bout de votre œsophage. Vous pouvez légèrement augmenter votre prise calorique... il faut bien nourrir cet ogre !

Votre ventre est si tendu que l'on dirait que seule votre peau sépare Petitcoeur de l'extérieur : s'il appuie sa main, on voit parfaitement le dessin de ses doigts ! Parfois, votre ventre se déforme complètement :

« Tiens, cette bosse, ça doit être son pied ! », « Oh, j'ai l'impression qu'elle s'étire de tout son long ! », etc.

À côté de ce phénomène touchant, vous « dégustez » à chaque mouvement : maintenant, Bébé se cogne contre vos organes... et vous fait mal !

Mention spéciale !

Les mamans dont les bébés se présentent en siège complet font la délicieuse expérience des coups de pieds donnés dans la vessie... une sensation inoubliable !

Enfin, depuis déjà quelque temps, vous sentez des pointes douloureuses dans la zone du bas ventre, des hanches et du dos. Ce sont les ligaments qui s'étirent pour faire de la place en vue de l'accouchement.

Émotions

Pour résumer votre état d'esprit en quelques mots, on peut dire que vous commencez à en avoir... MARRE ! Vous avez envie de passer à autre chose.

Pendant ce 8e mois, vous sentez l'impatience vous gagner : il faut dire que maintenant, cette énorme proéminence vous pèse vraiment, vous n'avez plus beaucoup d'entrain...

Remarque !

La nature est si bien faite ! Au début de la grossesse, on est malade, fatiguée, bouleversée... comme si le corps réclamait du repos, de l'attention pour protéger le bébé si fragile et si discret. Ensuite, la forme revient pour que la future mère, pleine d'énergie, ait assez de ressources pour alimenter son « usine maternelle ». Enfin, plus le fruit est mûr, plus elle a le sentiment d'avoir accompli son travail et se prépare à l'étape suivante...

Certaines pourtant, se sentent bien, aiment le statut si particulier de la femme enceinte, n'éprouvent pas trop de difficultés physiques... et ne se plaignent pas de la longueur de la grossesse. Nombreuses sont les mamans qui voudraient ne pas accoucher !

Cochez les cases qui vous correspondent :

J'ai envie de découvrir la tête de mon bébé en vrai.

Je suis au centre de toutes les attentions, et je ne veux pas que ça change !

Je voudrais dormir toute une nuit sans me réveiller pour aller aux toilettes (pauvre innocente ! vous ne dormirez pas une nuit complète avant des mois !).

Je meurs d'envie de manger du camembert au lait cru / des moules-frites / un tartare.

Je n'ai jamais été aussi épanouie que maintenant.

Mon bébé est bien au chaud, je suis comme une cocotte en pâte... je veux continuer !

Il faut que je rentre dans le pantalon cigarette qui fera fureur la saison prochaine.

Je rêve de pouvoir à nouveau marcher, danser, conduire...

Pourquoi les éléphantes ont une grossesse de 23 mois et pas nous ?

Témoignages

Julia, enceinte de 33 semaines

« On m'avait prévenue : tu verras, à la fin, on n'en peut plus... et bien, je confirme ! Autant j'ai souhaité être enceinte, j'ai aimé vivre cette expérience unique, autant maintenant, je suis impatiente d'accoucher ! »

Amina, enceinte de 34 semaines

« Il ne me reste plus très longtemps à attendre... mais j'ai hâte que ça se termine ! Dire qu'il faut encore que je tienne 5 semaines... c'est le bout du monde ! »

Si, vous aussi, vous commencez à trouver le temps long, ne culpabilisez pas. Quand on sait que le bébé est « mûr », il est normal d'avoir envie de le cueillir !

Précautions à prendre

Votre enfant a des besoins en calcium très importants : soyez sympa, donnez-lui ce qu'il réclame ! Pour vous, rien de plus simple : dans votre consommation quotidienne, ajoutez un yaourt, ou un verre de lait, une poignée de gruyère râpé dans un plat...

Pendant les câlins, prenez quelques précautions : si vous pouvez continuer à faire l'amour sans problèmes, sachez qu'à partir de maintenant, mieux vaut éviter tout ce qui peut déclencher des contractions (les ébats très mouvementés, les orgasmes sismiques, les positions inconfortables, etc.).

Pour votre moral... profitez de vos derniers moments de couple sans enfants ! Allez au cinéma, dînez au restaurant, voyez des amis... Faites le plein de loisirs et de divertissements : après la naissance, il faudra attendre un peu avant de reprendre une vie normale et de trouver l'organisation adéquate pour pouvoir sortir de nouveau !

À partir de maintenant, oubliez les longs trajets en voiture : vous seriez mal à l'aise dans une position inconfortable. Et puis, évitez de trop vous éloigner de la maternité...

Suivi médical

Ce 8e mois sera celui de la 3e échographie (dite de « bien-être fœtal »), réalisée de préférence entre la 30e et la 32e semaine de grossesse.

Pour la dernière fois avant la naissance, l'examen permet de vérifier la bonne santé du bébé, sa taille, d'évaluer son poids, et sa position. Le praticien étudie également les échanges mère/enfant à travers le placenta et le cordon ombilical, pour s'assurer, par exemple, de la bonne oxygénation du bébé.

Tout comme la fois précédente, le médecin fait une étude précise de la morphologie du bébé (périmètre du crâne, de l'abdomen, taille du fémur, observation des organes, etc.).

Bien entendu, vous ne verrez plus Bébé en entier sur une seule image, en revanche, vous aurez peut-être la chance d'obtenir un beau portrait, parfois très net.

Frappant !

Parfois, le visage de Petitbout apparaît très nettement lors de la dernière échographie : à la naissance, on a l'impression de déjà le connaître !

Munie de vos résultats, vous passerez ensuite la 6e visite médicale obligatoire, dont vous connaissez maintenant le déroulement par cœur...

En cas de présentation en siège, pour les femmes de petite corpulence (et au bassin étroit), ou encore pour un enfant très gros (d'après les prévisions), le médecin envisagera peut-être de vous faire passer une radiopelvimétrie, c'est-à-dire une radio ou un scanner du bassin, afin de savoir si celui-ci est suffisamment large pour laisser passer le bébé.

Cet examen s'effectue en général entre la 32e et la 34e SG : il sera temps ensuite de prendre la décision de tenter un accouchement par voie basse (ce qui est possible pour une présentation en siège si le bassin est suffisamment large) ou d'envisager une césarienne programmée.

Bien entendu, le bébé ne risque rien pendant cet examen, car les rayons sont de faible intensité.

Anesthésiste

Que vous souhaitiez bénéficier de la péridurale ou non, prenez rendez-vous avec l'anesthésiste rattaché à votre maternité : il consultera votre dossier, étudiera la forme de votre colonne vertébrale et demandera des analyses de sang.

Même si vous êtes opposée à la péridurale, une césarienne en urgence est toujours possible : l'anesthésiste doit vous avoir examinée avant pour adapter son traitement.

Démarches à faire

Si vous êtes salariée et que n'avez pas bénéficié d'un congé pathologique, vos congés maternité doivent débuter à la fin de la 32e semaine de grossesse.

Conseil

Mobilisez vos neurones : n'oubliez pas d'envoyer à la Sécurité sociale votre attestation d'arrêt de travail (remplie et signée par votre employeur) pour pouvoir toucher vos indemnités journalières.

Congé de paternité

Depuis le 1er janvier 2002, les pères ont droit eux aussi à un arrêt de travail pour la naissance de leur enfant.

Comment ça marche ?

- Le congé est de 11 jours pour une naissance unique, et de 18 jours pour les naissances multiples.
- Il est à prendre dans un délai de 4 mois après la naissance de l'enfant.
- Il n'est pas obligatoirement lié aux 3 jours déjà accordés.
- Il n'est pas fractionnable, par contre, on peut choisir de ne pas prendre la totalité des 11 jours (les jours restant sont alors perdus).
- Il faut prévenir son employeur 1 mois à l'avance, par lettre recommandée avec accusé de réception. Celui-ci remplit alors une attestation de salaire qui sera envoyée à la CPAM, accompagnée du certificat de naissance de l'enfant, le premier jour de congé de paternité.
- Pour les salariés : les indemnités sont de 100 % du salaire net (en se basant sur les 3 derniers bulletins) sous le plafond de la Sécu (montant maximum de l'indemnité journalière au 01/01/2012 : 78,39 € par jour dans les départements d'Alsace-Moselle 80,04 € par jour dans les autres départements).

- L'État et les différentes collectivités (publique, territoriale et hospitalière) complètent l'indemnisation au-delà du plafond pour les fonctionnaires. Les entreprises du secteur privé sont également invitées à le faire.
- Pour les non-salariés, les indemnités journalières seront forfaitaires et égales à 1/60e du plafond de la Sécurité sociale.
- Les pères exploitants agricoles peuvent, s'ils se font remplacer par un salarié, bénéficier d'une allocation, semblable à celle proposée aux mères.

Lettre-type de demande de congé paternité

Nom, Prénom, Lieu, date

Adresse

Madame, Monsieur,

En vertu de l'article L.122-25-4 du Code du travail, je vous informe que mon enfant étant né (ou devant naître) le «... », je souhaite bénéficier du congé paternité à partir du «... » jusqu'au «... ».

Je vous joins la photocopie du livret de famille (ou de l'acte de naissance ou bien encore du certificat médical attestant de la date prévue de la naissance).

Je vous prie d'agréer, Madame, Monsieur, l'expression de ma considération distinguée.

« Signature »

THE valise

Ah, cette fameuse valise qui monopolise tellement l'attention des mamans !

Toutes les femmes enceintes aiment préparer, laver, plier et replier les premiers vêtements de leur futur Petitbout, compter et recompter les paires de chaussettes, vérifier pour la énième fois que les papiers nécessaires sont bien à portée de main... Que celles qui n'ont jamais défait un sac pourtant au complet et parfaitement rangé osent le dire !

La maternité vous a fourni une liste pour vous indiquer ce dont vous aurez besoin : après son départ, nous avons récupéré celle d'une toute jeune maman, annotée et complétée. Profitons de son expérience !

Remarque :

Les hôpitaux sont censés vous donner tout le nécessaire pour accueillir votre enfant : bien entendu, vous préférez ne pas leur laisser le soin d'habiller la Prunelle-de-vos-yeux avec un pyjama standard qui marquerait son entrée dans le monde du sceau du mauvais goût. En revanche, vous utiliserez les produits qu'ils vous fourniront (éosine, couches, etc.) sans problème.

La valise

... ou plutôt, le sac ! Surtout, ne prenez pas quelque chose de trop lourd. Au retour, vous et le papa serez très chargés (vous partez avec un gros paquet en plus...). Épargnez-vous un tour de reins en choisissant des sacs légers (un pour la maman, un pour le bébé).

Les papiers

Dans une pochette plastique à portée de main (pas au fond du sac !), mettez :

- Livret de famille ou reconnaissance anticipée.
- Cartes d'identité du père et de la mère.
- Carte Vitale.
- Carte de Mutuelle.
- Carte du groupe sanguin.
- Dernier bilan sanguin (facultatif).

Si vous faites une pré-inscription à la maternité, munissez-vous des papiers fournis.

Pour accueillir ce bébé, livré tout nu

Body : Je suis restée 4 jours à l'hôpital, mais j'ai utilisé 8 bodys parce qu'on a vite fait de les tacher avec l'éosine ou une couche fuyante. Pour un prochain enfant, je prendrai un modèle croisé, sans doute plus facile à enfiler.

Gilet en laine : utile pour les heures qui suivent la naissance. Mon bébé est arrivé en été, l'utilisation du gilet a donc été très réduite. En hiver, il faut sûrement en prévoir 2 voire 3.

Bonnet en coton : porté tout de suite après la naissance. Fournissez le vôtre si vous ne voulez pas que bébé soit affublé d'une sorte de chaussette informe sur la tête et que vous gardiez de lui cette première image peu avantageuse.

Dors-bien ou pyjamas : prendre des modèles qui s'ouvrent devant, avec, de préférence, des pressions. En prévoir au moins 6 pour la maternité, au moins 2 de plus pour la suite (il faut suivre au niveau des lessives !).

Chaussettes : pour les extrémités souvent froides... en acheter au moins 4 paires, à mettre sous le pyjama. Chaussons pas vraiment utiles pour le moment, le pyjama couvre aussi les pieds.

Gigoteuse ou surpyjama: bien sûr, cela n'est utile qu'en hiver... Il faut savoir qu'un nourrisson ne « gigote » presque pas. Les premiers jours, il peut rester dans les couvertures du petit lit de la maternité. De retour à la maison, la gigoteuse devient pratique (on ne met pas de couvertures dans le lit pour éviter les risques de mort subite du nourrisson).

Bavoirs: allaité au sein ou nourri au biberon, le bavoir est indispensable pour essuyer les régurgitations, les trop-pleins, les rots, etc. En prévoir environ 8 (et les laver au fur et à mesure).

Langes en tissus: INDISPENSABLES! À mettre sur l'épaule quand bébé fait son rot ou sous la tête dans le berceau. Peut devenir un doudou. Peut être recyclé en torchon.

Serviettes de toilette: au moins une par jour (en emporter 6). Même neuves, lavez-les avec une lessive douce (contenant du savon de Marseille par exemple) mais n'utilisez pas d'adoucissant pour limiter tout risque d'allergies.

Couches 1er âge: un paquet pour commencer. Si l'hôpital en fournit, laissez les vôtres à la maison (paquet encombrant). Ne lésinez pas sur la qualité: les couches les plus chères sont réellement les plus performantes et les plus douces.

Trousse de toilette: à l'hôpital, tout ce qui est nécessaire pour le bain devrait être fourni. Par sécurité, emportez au moins un gel lavant hypoallergénique (spécialement formulé pour bébé), un lait de toilette, des carrés de coton. N'oubliez pas une petite brosse à cheveux très douce (on a beau avoir 3 cheveux, ils doivent être bien coiffés!). On vous demandera peut-être d'amener des dosettes de sérum physiologique ou d'éosine aqueuse. Achetez-les, vous en aurez besoin pour le retour à la maison.

Remarque :

Mettez à part les vêtements que vous souhaitez emporter dans la salle d'accouchement (le papa doit pouvoir les trouver facilement sur le dessus du sac) :

- un body
- un pyjama
- un gilet ou une brassière
- une paire de chaussettes
- un bonnet
- deux serviettes éponge
- un gant de toilette
- une couverture bébé (facultatif)

Pour la maman

De quoi s'habiller : prévoir une tenue par jour. Vous allez rester le plus souvent au lit, mais vous vous baladerez aussi dans les couloirs. Prenez des vêtements pratiques et confortables (l'idéal est le grand T-shirt ample ou la chemise de pyjama qui se boutonne devant, le tout porté sur un caleçon très souple). Préférez le coton (vous allez beaucoup transpirer).

Un peignoir : parfait pour retourner dans sa chambre après la douche.

Un vêtement chaud : pour les saisons fraîches... ou la nuit (les couvertures d'hôpital ne sont pas des modèles de douceur...).

Des chaussons : si vous préférez des tongs, pourquoi pas ! En tout cas, quelque chose de confortable à vous mettre aux pieds pour vous dégourdir les jambes.

Des chaussettes : au moins une paire pour l'accouchement (horrible cette sensation d'avoir les pieds glacés !) et plus pour les frileuses.

Des culottes jetables en filet : l'hôpital les fournit. Prévoyez quand même d'en acheter, elles vous serviront encore quelques jours chez vous (moins de lessives à faire !).

2 soutiens-gorge d'allaitement : si vous n'allaitez pas, portez quand même des soutiens-gorge efficaces. Si vous allaitez, procurez-vous également des coussinets absorbants (à glisser dans le soutien-gorge).

Des serviettes éponge : 1 grand drap de bain et deux serviettes de toilette.

Trousse de toilette : de quoi se laver (gel douche très doux, shampooing, brosse à dents, dentifrice), se débarbouiller (brumisateur, lingettes démaquillantes), hydrater sa peau (crème pour le visage et lait pour le corps), déodorant, petit nécessaire de maquillage (mascara, blush, gloss par exemple), sèche-cheveux. En cas d'allaitement, ajoutez une crème cicatrisante pour les mamelons.

Distraction : vous n'allez pas vraiment vous ennuyer (quand vous ne serez pas occupée par bébé, vous allez dormir !)... mais mieux vaut prévoir quand même ! Prenez une radio ou un baladeur, des magazines, votre répertoire, un appareil photo jetable, etc. Inutile d'emporter un livre : on n'arrive jamais à se concentrer. Pensez à un cahier, pour noter tous les conseils et les indications des sages-femmes.

Une gourmandise : un paquet de biscuits, de bonbons ou de chocolats, etc. Quelque chose de bon pour égayer un peu les plateaux repas si tristes...

Pour le papa

Soyez sympa, pensez à ce pauvre homme qui va vivre un événement bouleversant...

- Des magazines.
- Un appareil photo (vérifiez la batterie).
- Une petite caméra (à se faire prêter si besoin).
- Le carnet d'adresse familial.
- Le chargeur du téléphone portable.
- Des mouchoirs jetables.
- Une tenue de rechange.

Notes

AH SALUT PIERRE ! TU ES LÀ AUSSI ? NOUS, ON EST DILATÉ À 2 CM ET VOUS ?

SALUT NICOLAS ! JE N'EN SAIS RIEN ! ON VIENT JUSTE D'ARRIVER, LÉNA A INONDÉ LES SIÈGES DE LA VOITURE NEUVE EN PERDANT LES EAUX !

POUR NOUS, ÇA A COMMENCÉ IL Y A 3 HEURES. PAULINE SE REPOSE UN PEU ENTRE DEUX CONTRACTIONS ET MOI, JE VAIS MANGER UN PETIT QUELQUE CHOSE : J'AI TELLEMENT MAL AU VENTRE MOI AUSSI !

MOI JE CHERCHE UNE INFIRMIÈRE, LÉNA M'A ENFONCÉ LES ONGLES DANS LA CUISSE PENDANT TOUT LE TRAJET ET MAINTENANT, J'AI UN HÉMATOME !

J'Y RETOURNE ! J'ENTENDS DES CRIS, ÇA DOIT ÊTRE PAULINE !

Mois 9

Le compte à rebours

Vous êtes plutôt...?

La cool « *Je vais bien, tout va bien...* »

Dire que l'on ne souffre pas serait mentir, c'est sûr... Pourtant, grâce à vos différents cours de yoga, de sophrologie et de chant prénatal, vous avez appris à maîtriser vos angoisses et votre respiration, vous pouvez vous concentrer sur les contractions et ainsi, mieux vous détendre. La sage-femme vous félicite... et votre chéri rigole : pour une fois que vous suivez les conseils que l'on vous donne !

On le sait toutes : accoucher est une expérience riche en émotions, en angoisses et en surprises. Mieux vaut être zen pour ne pas se laisser envahir par la peur ou la panique ! En faisant tout votre possible pour vous relaxer, vous facilitez le travail de l'équipe médicale et préparez à votre bébé une arrivée en douceur...

La sereine *Comme une lettre à la poste*

Toutes vos copines vous ont raconté leur accouchement : vous en avez entendu des récits apocalyptiques ou des scènes d'épouvante ! Il faut dire qu'en général, on ne se souvient que des pires moments ! Et puis, c'est toujours mieux de passer pour une héroïne de guerre... Vous attendez donc qu'arrive l'événement qui marquera votre propre histoire, mais pour l'instant, tout à l'air de se passer au mieux !

Votre travail se déroule sans difficultés ? Vous avez mal, certes, mais vous supportez bien les contractions pour le moment ? Votre bébé progresse sans peine et ne va pas tarder à arriver ? Vous pourrez raconter à vos copines combien vous êtes courageuse !

La paniquée *Au secours, j'accouche !*

Bon d'accord, vous avez un peu paniqué quand vous avez perdu les eaux. Effectivement, ce n'était peut-être pas la peine d'appeler les pompiers... OK, OK... Maintenant que vous êtes en salle de travail, vous n'arrêtez pas de demander à l'homme d'avertir la sage-femme : tous les pics signalés par le monitoring sont peut-être le signe d'une souffrance fœtale, non ? Et puis, l'anesthésiste vous a dit qu'il était trop tôt pour la péridurale... et si jamais, à son prochain passage, il était trop tard ?

Entre deux respirations du petit chien, vous aboyez sur tout le monde, tant vous avez perdu le contrôle de vous-même. Calmez-vous ! Il est bien connu que l'angoisse amplifie la douleur... Reprenez vos esprits en vous disant que bientôt, votre petit sera dans vos bras et là... vous redeviendrez un ange de douceur.

Ce qui se passe pour Bébé

De la 37e SA à l'accouchement, de la 35e SG à l'accouchement

Le 9e mois, c'est *la dernière ligne droite*

Le sprint final.

L'ultime étape...

Vous voici arrivée à la fin du voyage... Évitez les zones de turbulences et préparez-lui un atterrissage en douceur !

37e semaine d'aménorrhée *35e semaine de grossesse*

À partir de maintenant, Bébé est prêt : tous les jours supplémentaires qu'il passera dans votre ventre lui permettront de grandir et de grossir : ce dernier mois, il prendra environ 250 g et 1,5 cm par semaine.

En moyenne, un bébé né à terme pèse un peu plus de 3 kg pour 50 cm.

À partir de la 37e SA, la naissance n'est plus prématurée.

Grâce à la graisse accumulée sous sa peau, votre petit se défroisse ; le « vernix » et le « lanugo » (longs poils) qui le recouvraient se détachent (parfois, quelques résidus restent sur le nouveau-né qui paraît alors poilu ! Pas d'inquiétude, le bébé devient rapidement le poupon rose et dodu dont vous rêviez).

Ses organes sont matures et parés à passer en mode autonome… Dès la première inspiration, ses poumons pourront assurer l'oxygénation en déployant toutes leurs alvéoles, le cœur assurera la circulation sanguine une fois le cordon ombilical coupé, etc.

Le saviez-vous ?

Hey Bébé ! C'est à toi de te décider maintenant !

Les scientifiques ne savent pas encore aujourd'hui qui, de vous ou du bébé, déclenche le travail de l'accouchement (on connaît seulement l'influence de la progestérone et des prostaglandines, libérées par la membrane formant la poche des eaux, qui entraînent une maturation du col et des contractions utérines).

On se laisse donc le droit de croire que c'est Bébé qui lance les opérations… Dis donc, petit chenapan, tu ne voudrais pas venir au monde maintenant pour libérer ta maman ?

Ce qui se passe pour vous

De la 37e SA à l'accouchement, de la 35e SG à l'accouchement

Votre corps

Vous êtes au summum de votre poids, vos jambes sont gonflées, vos seins prêts à exploser !

Pendant tout le mois, un mouvement de descente du bébé va s'opérer : votre utérus est comme « lesté » vers le bas, ce qui soulage un peu vos organes compressés. Pour certaines, cet « engagement » peut avoir lieu jusqu'à 1 mois avant la naissance, pour d'autres, il tardera un peu plus. Il sera parfois très brusque (on a la désagréable sensation que le ventre est tombé), parfois progressif (vous ne vous en rendez pas vraiment compte)...

Émotions

Qu'il est long le chemin qui mène à l'accouchement !

Ces derniers jours, vous hésitez entre :

- jouer à la marelle,
- faire du trampoline,
- descendre les escaliers pieds joints...

... en espérant déclencher quelque chose.

Mais pour l'instant, Bibounet reste bien accroché.

Témoignages

Lucie, enceinte de 38 semaines

« Enlevez-le-moi ! Enlevez-le-moi, je vous en prie ! Je n'en peux plus ! »

Joy, terme dépassé depuis 3 jours

« (Soupir) C'est un comble ! Cet enfant, on l'a attendu pendant 3 ans, et maintenant, il traîne encore ! (Re-soupir) J'espère qu'il ne sera pas trop fainéant ! (Re-re-soupir) »

On peut dire que vous avez eu tout le temps nécessaire pour vous préparer psychologiquement au grand chamboulement que représente l'arrivée d'un enfant : maintenant, vous avez bien intégré l'évolution de votre statut, pris conscience des responsabilités qui vont vous incomber. Mais comme pour les enfants à qui l'on parle du beau vélo que va leur apporter le Père Noël, vous piaffez d'impatience : qu'on vous livre ce paquet si précieux pour que vous puissiez enfin jouer à la maman !

Les derniers jours de grossesse sont pleins de sentiments mêlés : le désir d'être libérée, l'impression d'être sur le pas de franchir une grande étape, et enfin la peur, l'angoisse face à l'inconnu : l'accouchement.

Pourquoi cette peur de l'accouchement ? Toutes les femmes sur le point de donner la vie ont les mêmes craintes, souvent infondées, mais bien ancrées pourtant. L'importance de l'événement, son aspect « technique » mettant en jeu la santé de deux êtres, la charge émotionnelle qu'il représente...

Même bien préparée, les questions suivantes vous traverseront au moins une fois l'esprit :

1. J'ai peur d'un scénario catastrophe

Perdre les eaux au supermarché, avoir des contractions toutes les 5 minutes le jour où votre homme est en déplacement, être prise dans un embouteillage monstre alors que la dilatation avance, etc.

Conseils

Vous craignez de ne pas savoir quand partir à la maternité, de ne pas reconnaître le faux du vrai travail... et que votre accouchement se passe dans la précipitation.

Pour vous rassurer, sachez que, pour un 1er enfant, la dilatation se fait en général d'un centimètre par heure, ce qui suppose que le travail dure environ 10 heures. Vous avez donc tout le temps de sortir de l'embouteillage, de prendre un taxi, d'appeler une amie...

Si vous êtes trop inquiète, si vous tournez en rond, rendez-vous à la maternité pour que la sage-femme puisse juger de l'avancement de la dilatation, quitte à rentrer chez vous si ce n'est pas encore le moment !

2. J'ai peur de trop souffrir

Tu enfanteras dans la douleur... voilà ce que véhicule l'inconscient collectif. Les hurlements déchirants, les cris d'agonie... font partie de toute la dramatisation que l'on entretient autour de l'accouchement, symbole de la rédemption pour la femme pécheresse !

Conseils

Si vous êtes particulièrement sensible (douillette), vous serez encore plus craintive face à l'épreuve de l'accouchement : pourtant, depuis des années, la médecine sait prendre en compte la souffrance et propose des techniques propres à l'atténuer.

Faites confiance aux équipes médicales qui sauront vous aider à gérer votre angoisse : la péridurale, la prise d'antalgiques... sont autant de méthodes qui vous permettront de supporter l'événement.

Le saviez-vous ?

La peur entretient et aiguise la douleur. Quand on est paniquée, on perd sa « lucidité », on ne contrôle plus rien et on amplifie tout ! Normalement, lorsqu'on a mal, le cerveau produit des endorphines, aptes à atténuer la souffrance. Mais en cas de stress, de panique, d'angoisse… c'est de l'adrénaline qui est produite ! Dans le cadre de l'accouchement, cela n'a rien de bon : augmentation du rythme respiratoire et cardiaque, contractions accentuées…

Ne vous laissez pas envahir. Relativisez : vous allez être prise en charge, guidée, aidée… et pensez à l'aboutissement de toute cette aventure : vous allez serrer dans vos bras ce petit bout tant attendu !

3. J'ai peur de « craquer »…

… d'être nulle, de pleurer tout le temps, de hurler, d'être ridicule !

Conseils

Accoucher n'est pas un concours ! On ne vous remettra pas de médaille à la fin !

Très sensible de nature, vous êtes persuadée d'être incapable de surmonter cette tension émotionnelle sans vous effondrer… Ce n'est pas grave ! Pleurez toutes les larmes de votre corps, personne ne vous en voudra. Votre compagnon, l'équipe médicale vous entoureront, vous aideront… et vous féliciteront pour ce bébé magnifique que vous venez de mettre au monde !

4. J'ai peur de ne pas aimer mon bébé

« Quand je vois les nourrissons de mes copines, tout fripés, cabossés et rougeauds, j'ai peur que le mien ne soit pas aussi joli que dans mon rêve… et je crains d'être déçue ou de ne pas l'aimer. » Magalie, enceinte de 35 semaines.

Conseils

Ah, cet instinct maternel dont vous devez faire preuve pour être considérée comme une « bonne » maman ! Eh bien cet amour n'est pas donné en cadeau bonus avec le bébé ! Il faut souvent quelques jours pour que les liens se tissent entre la mère et l'enfant, pour s'apprivoiser, comme deux étrangers. De plus, les nourrissons arrivent souvent un peu « abîmés » par l'accouchement (crâne en pain de sucre, peau rouge, yeux gonflés, etc.) : ils ne ressemblent pas tout de suite à des bébés Cadum. Pourtant, très vite, vous oublierez vos réticences et l'amour grandira de jour en jour (vous verrez !).

Précautions à prendre

Est-il bien utile de vous préciser qu'il est grand-temps de vous reposer, de vous détendre ?

Par la force des choses, vous êtes obligée de faire de fréquentes pauses, de ne pas beaucoup bouger… Profitez des derniers instants qui vous restent et savourez votre chance. Mettez en application les conseils donnés par la sage-femme lors des cours de préparation à l'accouchement : repensez aux exercices de sophrologie, continuez vos étirements de yoga, etc., pour garder un maximum de sérénité avant le jour J.

Suivi médical

En ce 9e mois de grossesse, vous effectuerez le 7e examen prénatal obligatoire. Hormis l'examen gynécologique et la consultation habituels, l'obstétricien ou la sage-femme seront particulièrement attentifs à la « maturation » de votre col de l'utérus, à savoir son raccourcissement, son « effacement », voire le début de son ouverture : la proximité ou non de l'accouchement sera déterminée un peu plus précisément.

Le plus souvent, une visite médicale supplémentaire est proposée à la future maman, pour suivre de près l'évolution du fameux col. Rien ne vous empêche de consulter encore plus souvent ! N'hésitez pas à faire une visite supplémentaire pour vous rassurer : souvent, un examen suffit à désamorcer une inquiétude bien inutile.

En retard

Si, à la date prévue, il ne s'est toujours rien passé, la surveillance va passer au stade supérieur : vous consulterez alors tous les deux jours. Il faudra en effet veiller au rythme cardiaque du bébé puisque, une fois le terme dépassé, le placenta ne joue plus pleinement son rôle (il assure moins bien l'oxygénation du bébé).

Si nécessaire, votre accouchement sera provoqué (par une injection d'ocytocine, une hormone qui stimule les contractions) afin d'éviter à l'enfant des risques de souffrance fœtale.

Démarches à faire

Plus vraiment de démarches administratives à accomplir, mais plutôt une organisation à mettre en place pour préparer son avenir tout proche...

Pensez-y !

- Envoyez votre chéri faire des courses (vous pouvez l'accompagner, mais hors de question d'aller au supermarché un samedi après-midi !), ou encore faites-vous livrer.
- Vos provisions de guerre : des bouteilles d'eau minérale, des paquets de couches, un baril de lessive en réserve, du champagne pour fêter l'événement.

- Passez au rayon surgelés et faites le plein de légumes prêts à l'emploi, de plats faciles à préparer.

- Faites-vous aider pour faire un ménage à fond : il est fréquent que les mamans sur le point d'accoucher soient prise d'une frénésie de nettoyage (allant jusqu'à monter sur un escabeau pour astiquer le dessus de l'armoire. À ÉVITER POURTANT !). Essayez quand même de trouver un(e) assistant(e) pour briquer la maison de fond en comble.

- Lisez un ou deux bons romans : ensuite, vous aurez autre chose en tête !

- Mettez à jour vos papiers, classez, rangez... vous aurez le sentiment que tout est en ordre (et ça, c'est bon pour le moral !).

- Si vous aimez cuisiner : préparez à l'avance quelques petits plats que vous congèlerez. Vous vous féliciterez de cette initiative les soirs où vous serez trop fatiguée pour faire cuire un œuf.

- Si vous vous êtes lancée dans le tricot... finissez votre layette. Après, il sera trop tard !

Bienvenue parmi nous ! ou l'accouchement idéal

C'est ça les contractions ?

Depuis quelques jours, vous sentez que le moment approche... Encore faut-il savoir reconnaître les vrais signes annonciateurs. La sage-femme vous a expliqué qu'il n'y a pas de règles précises dans ce domaine, et que les choses se passent différemment pour chaque femme. Pourtant, on peut dire que l'accouchement ne va pas tarder quand :

On perd le « bouchon muqueux »

Pendant toute la grossesse, des glaires se sont accumulées au niveau du col de l'utérus pour former un bouchon, véritable rempart contre les bactéries qui pourraient se présenter. Lorsque le col se modifie, ce bouchon se détache, montrant ainsi le début du processus.

À noter

Chez certaines femmes, l'expulsion passe tout à fait inaperçue (en allant aux toilettes par exemple).

Si cette perte est un signe, elle n'est pas un très bon indicateur pour l'imminence de l'accouchement : parfois, elle le précède de 24, 48 heures ou plus.

On perd les eaux

La perte des eaux peut être précoce (20 % des cas) et survenir alors que vous n'avez presque pas de contractions ; elle peut ne pas arriver spontanément et être pratiquée par la sage-femme… là encore, pas de règles.

En revanche, si vous sentez un liquide chaud s'écouler régulièrement le long de vos jambes (munissez-vous de serviettes éponge !), c'est que la poche s'est fissurée ou vraiment percée. Dans ce cas, rendez-vous à la maternité car, même si l'accouchement peut se faire attendre encore de longues heures, les risques d'infections sont accrus pour le bébé : vous devez donc être surveillée.

On peut compter les contractions

Depuis plusieurs jours, vous sentez votre ventre se durcir puis se relâcher. Cette sensation est désagréable, mais pas douloureuse. Maintenant, les contractions se font plus fortes, comme des douleurs de règles, plus précises et plus longues. Au début, elles pourront être très irrégulières (à des intervalles de 10 à 40 minutes), mais au fur et à mesure, leur nombre et leur fréquence vont augmenter.

Le saviez-vous ?

Le plus souvent, elles donnent l'impression d'une vague qui part du milieu du dos, passe sur les hanches et se termine sur le devant, comme si vous serriez une ceinture autour de votre ventre.

Les contractions régulières sont le signe du vrai travail : pourtant, ne vous précipitez pas, au début, il ne s'agit que d'un échauffement. Vous allez attendre un bon moment avant d'entamer le marathon puis le sprint final.

Viiiiiite, on part !

Quand partir ? Toute la question est là.

Face à ce phénomène inconnu du « travail », on a parfois du mal à trouver le bon timing. Vous le savez, mieux vaut se rendre à la maternité pour se faire examiner, quitte à rentrer chez soi si le grand moment n'est pas encore pour tout de suite.

Pourtant, pas de précipitation ! En règle générale, on dit qu'il est bon de partir quand les contractions surviennent toutes les 5 minutes, depuis 2 heures.

En attendant ce « top départ ! », ne tournez pas en rond, les yeux rivés sur votre montre. Essayez de vous détendre (et de calmer votre chéri, prêt à bondir, la valise à la main). Pour passer le temps et essayer de penser à autre chose (soyons réalistes, vous n'y arriverez pas !), vous pouvez :

- Manger un petit quelque chose : pas une choucroute bien sûr, mais un en-cas léger (une tartine, un petit sandwich, une banane, etc.). Vous pouvez boire également. Vous allez devoir fournir un effort physique intense, vous aurez besoin d'énergie (il y a encore quelques années, on déconseillait de manger ou de boire en prévision d'une anesthésie générale en cas de césarienne. Cette méthode étant aujourd'hui très peu employée, la restriction peut être levée).

- Prendre un bain (sauf si vous avez perdu les eaux) : l'eau chaude détend les muscles.

- Marcher un peu : pour ne pas vous crisper, pour vous dégourdir les jambes, pour aider le travail...

- Mettre en pratique vos cours de préparation : respirer, s'étirer, ne pas paniquer...

- Si vous n'avez pas été aux toilettes et que vous êtes angoissée par la perspective d'expulser autre chose que votre bébé, faites un lavement intestinal avant de partir (histoire de ne pas vous retenir de pousser). Rien ne vous y oblige, même s'il vous est proposé dans de nombreuses maternités.

Bien entendu, à un moment donné, il faudra y aller... vous vous rendez compte ? Ça y est ! Vous êtes toute proche du but !

Quel est le rôle de votre compagnon ?

- Ne pas râler même si le moment fatidique arrive à 3 heures du matin, un dimanche après une semaine épuisante.
- Être à la fois réconfortant, attentif et serein.
- Porter la valise.
- Vous aider à monter dans la voiture.
- Ne pas vous faire le coup de la panne.
- Ne pas conduire à toute allure mais être efficace tout en restant courtois (ne pas se ridiculiser en passant la tête par la fenêtre en hurlant « Pin Pon Pin Pon »).
- Vous montrer l'exemple pour la respiration du petit chien.
- Ne pas téléphoner à sa Môman (ce n'est pas le moment).

C'est bien 5 cm ?

Vous êtes au comble de l'excitation : c'est l'événement du siècle !

Pourtant, à votre arrivée, l'équipe d'accueil ne semble pas être au même diapason que vous. Il faut dire que pour eux, vous êtes la 10 000e femme sur le point d'accoucher, alors que pour vous, c'est une grande première !

Surtout, on ne se vexe pas ! Heureusement que les sages-femmes ne sont pas émues : elles ont un boulot à accomplir, mieux vaut qu'elles soient sereines, elles.

Vous allez être examinée afin de déterminer si l'admission est pour maintenant : le travail est bien réel ? On vous garde !

Installée en salle de pré-travail (ou directement en salle de travail, selon les habitudes et la taille de la maternité), on complète l'examen par une prise de la tension artérielle, de la température, une analyse d'urine, etc.

Vous êtes ensuite placée sous monitoring : c'est-à-dire que des capteurs vont analyser le rythme cardiaque du bébé, qui vit chaque contraction en même temps que sa maman.

Mettez votre pudeur dans votre poche !

À partir de maintenant, plus question de faire sa timide. De nombreuses personnes vont venir regarder votre intimité... et c'est tant mieux ! Concentrez-vous sur l'essentiel et soyez persuadée que, dans quelques heures, vous aurez oublié tout ça !

C'est à partir de maintenant que les « choses sérieuses » commencent...

Toutes les contractions ont pour but de raccourcir puis d'effacer le col de l'utérus afin d'ouvrir le passage jusqu'à ne plus former qu'un tunnel en ligne droite avec le vagin.

Chaque contraction (dont la durée peut aller jusqu'à 1 minute) tire sur le bas de l'utérus pour en faire un anneau de plus en plus large.

En moyenne, la dilatation se fait d'un centimètre par heure. La période la plus longue est celle qui permet d'arriver à une ouverture de 3 cm... une fois les 7 cm dépassés, les choses s'accélèrent ! À partir de là, les contractions s'enchaînent sur un rythme rapide : il faut être concentrée pour bien gérer la respiration et essayer de se détendre entre deux efforts.

Que faire pendant ce temps ?

Entre deux contractions, il va falloir se détendre et reprendre son souffle :

- respirer : pour s'oxygéner (la contraction est un violent effort physique, très consommateur en oxygène). En général, on fait des respirations complètes entre deux efforts et une respiration plus rapide pendant la contraction ;
- trouver une position qui soulage : sur le côté, assise, à 4 pattes, en marchant dans la salle... ne restez pas trop immobile. Bouger un peu permet de ne pas se crisper.

La péridurale

Aujourd'hui, environ 70 % des accouchements se passent sous péridurale : le but étant de diminuer la douleur maternelle et fœtale, de limiter la fatigue et d'améliorer la récupération après accouchement.

La technique consiste à bloquer la transmission des sensations douloureuses au niveau des nerfs de la moelle épinière (entre la 3e et la 4e lombaire) : ainsi, la douleur est atténuée mais les sensations sont conservées (on peut ainsi participer activement aux poussées).

Comment ça se passe ?

- Lors de l'entretien préalable, l'anesthésiste a pu cerner les éventuelles contre-indications (fièvre, hypertension, scoliose, allergies...).
- Entre 3 et 6 cm de dilatation (selon votre degré de perception de la douleur), la pose est possible (il ne faut pas bouger pendant son installation : les contractions ne doivent donc pas être trop rapprochées) : il faut alors courber le dos pour que les lom-

baires soient idéalement placées. On introduit un cathéter (un tuyau très fin) à l'aide d'une aiguille spéciale (l'opération peut provoquer des sensations désagréables, comme des décharges électriques, mais elles s'estompent très vite). Les produits sont ensuite injectés par cette voie. Le cathéter reste en place pendant toute la durée de l'accouchement afin de pouvoir rajouter de l'anesthésiant si nécessaire.

Les vraies questions

Quels sont les risques ?

Comme tout acte médical, l'anesthésie par péridurale comporte une part de risque.

On a longtemps évoqué celui de paralysie : il est maintenant prouvé que la moelle épinière est trop loin de la zone d'injection pour qu'il y ait un danger.

On peut plutôt parler d'effets secondaires, rares cependant, comme des maux de tête, des douleurs lombaires, une hypotension, etc.

Comment être sûre qu'elle fonctionne ?

Géniale pour certaines, ratée pour d'autres (ce qui concerne une minorité de cas), la péridurale n'est pas l'assurance garantie d'un accouchement réussi. Elle peut en revanche aider beaucoup de mamans à supporter la douleur.

Pour certaines, l'anesthésie ne fonctionne que d'un côté ou n'insensibilise pas toute la zone du périnée par exemple. D'autres se plaignent du dosage : trop fort, on perd la sensation de la poussée et on ne participe pas vraiment à son accouchement, d'où un sentiment de frustration...

Je refuse la péridurale. Suis-je maso ?

Votre décision doit être prise avec la plus grande liberté : quel que soit votre choix, il vous appartient. Pour certaines, la douleur est intolérable et il est impensable de ne pas profiter du progrès de la médecine avec la péridurale. Pour d'autres, supporter la douleur peut être vécu comme un dépassement de soi, une victoire remportée, un retour aux sources. Vous avez eu le temps de réfléchir à cette question... Le plus important est que, quelle que soit la manière, Bébé soit accueilli par une maman sereine et heureuse.

La césarienne

Redoutée ou au contraire souhaitée par de nombreuses femmes (pour des raisons de confort, comme le choix d'une date par exemple), la césarienne est une méthode qui connaît un développement croissant (aujourd'hui, cela représente plus de 20 % des accouchements).

Dans quel cas ?

Le nombre d'indications est grand, que l'intervention soit programmée ou pratiquée en urgence.

Programmée

- présentation par le siège ; tête penchée vers l'arrière ; position transversale du bébé ;
- bassin trop étroit ;
- diabète et gros bébé (poids estimé à 4,5 kg) ;
- grande prématurité ;
- utérus cicatriciel ;

- *placenta praevia* qui recouvre le col de l'utérus;
- crise d'herpès génital de moins de 2 mois;
- grossesse multiple.

En urgence

- arrêt de la dilatation du col;
- « procidence » du cordon ombilical (c'est-à-dire qu'il sort avant la tête du bébé, au risque que celle-ci le comprime);
- souffrance fœtale (affaiblissement du rythme cardiaque).

Comment ça se passe?

L'intervention se fait le plus souvent sous rachi-anesthésie (l'anesthésie générale est vraiment frustrante et mal vécue).

Le chirurgien incise la paroi abdominale et utérine, à la limite des poils (qui recouvriront ensuite la cicatrice). Il aspire le liquide amniotique et fait sortir le bébé. Il coupe le cordon ombilical et l'enfant est ensuite présenté à la maman (selon les maternités, elle peut l'embrasser, le toucher ou à peine l'apercevoir. Demandez comment cela se passera pour vous, vous serez moins surprise). Comme pour un accouchement normal, la sage-femme va donner les premiers soins au bébé: pendant ce temps, le chirurgien extrait le placenta, recoud l'utérus et la peau (des fils résorbables en interne, des agrafes ou un surjet à l'extérieur: ces points seront retirés une semaine après).

La maman reste environ 2 heures sous surveillance (en général, le papa la rejoint avec le bébé).

Et ensuite?

Comme après toute intervention chirurgicale, la récupération prend quelques jours pendant lesquels la maman peut connaître un certain « inconfort »:

- douleur (traitée par des antalgiques);

- difficultés pour s'asseoir, se lever et marcher (pour ne pas dire impossibilité). Pendant quelques jours, la maman restera allongée pour ne pas solliciter les muscles du ventre ;
- reprise des fonctions de la vessie et des intestins : tout a été endormi... une sonde urinaire est posée et il faut parfois se faire aider par un petit laxatif pour retrouver son transit ;
- difficultés pour allaiter : il faut que quelqu'un prenne le bébé dans son berceau pour vous le donner (très frustrant !). De plus, la tétée stimule les contractions de l'utérus (assez douloureux) ;
- attente... pour la douche (environ 3 jours après : prévoyez des lingettes, du déodorant, du shampooing sec...) ;
- séjour à la maternité plus long (entre 7 et 10 jours) pour pouvoir récupérer.

Pour se consoler

Certaines femmes vivent mal leur césarienne : fort sentiment de frustration, impression qu'on leur a « volé » leur accouchement, difficultés à s'occuper du bébé pendant les premiers jours, etc.

Un point positif pourtant : leur bébé est magnifique, nullement marqué par le long parcours de la naissance, il ne souffre pas ! Voilà qui réconforte, non ?

« Poussez, madame ! »

Arrivée à la dilatation maximum, une nouvelle phase va commencer. L'apothéose, le rush final : l'expulsion. La tête du bébé arrive au niveau du vagin, provoquant chez la mère une irrésistible envie de pousser.

C'est à ce moment-là que l'on met en application les fameux « inspirez-bloquez-poussez » qui permettent de faciliter la progression du bébé. L'équipe médicale vous guide, vous aide à coordonner votre respiration et votre effort...

Le bébé se tourne pour trouver la meilleure position, à chaque poussée, la tête sort un peu plus...

Épisiotomie, forceps, ventouse

Si nécessaire, l'obstétricien ou la sage-femme pratiqueront une épisiotomie, une incision visant à élargir un peu le périnée afin de faciliter le passage du bébé en éloignant le risque d'une déchirure. Cette intervention est indolore (on pratique une petite anesthésie locale). Quelques points seront posés avec des fils résorbables après la naissance. Par la suite, la cicatrisation prend une quinzaine de jours.

Les instruments comme les forceps ou la ventouse, sont utilisés en cas de difficultés lors de l'expulsion, une trop grande fatigue de la maman, un ralentissement du travail. Les forceps, les pinces et autres servent à « tirer » le bébé afin d'aider son passage. Les médecins sont aptes à juger de leur nécessité. Faites-leur confiance !

Une fois que la tête est apparue, la sage-femme vous demande de ne plus pousser, afin de dégager manuellement le bébé sans provoquer de déchirure.

Ensuite, les épaules sont dégagées et enfin tout le corps...

Bébé attend quelques secondes et se met à crier...

On le pose sur votre ventre...

C'est magique !

Bonjour mon petit amour!

Il est là, posé entre vos seins, encore gluant et rouge.

Il est tout chaud.

Il est beau.

Vous pleurez sûrement. Le papa est très ému...

Il va sans doute couper le cordon ombilical et enfin, votre enfant aura sa propre autonomie, il sera une personne à part entière...

Bientôt, on l'emmènera pour un premier bain et un premier bilan (différents tests et soins: prise de température, sondage des narines, mesure du périmètre crânien, bain tiède, habillage rapide, etc.).

Pendant ce temps, l'équipe médicale finira de s'occuper de vous.

Pendant les deux heures qui suivent la naissance, vous resterez en salle de travail pour différents soins et pour une surveillance générale.

Environ 20 minutes après l'expulsion, l'utérus reprend ses contractions afin de se vider complètement. Vous expulserez alors le placenta: cela est impératif pour éviter tout risque d'hémorragie. Il peut parfois être nécessaire de recourir à des techniques manuelles pour parvenir à cette extraction.

Ensuite, la sage-femme vérifiera régulièrement l'abondance de vos pertes sanguines, votre tension...

Si vous souhaitez allaiter, votre enfant sera mis au sein très rapidement: pensez à faire part de votre souhait à l'équipe médicale.

Très vite, vous remonterez dans votre chambre... à trois cette fois-ci... pour apprécier les premiers instants de sa vie.

EH BEN DIS DONC LÉNA, TA FILLE C'EST UN VRAI LOIR !...
MOI, ON ME RAMÈNE ENZO PARCE QU'IL RÉVEILLE
TOUTE LA POUPONNIÈRE...

OUI MAIS TON FILS AU MOINS, IL TÈTE SANS
SE FAIRE PRIER, ALORS QUE LA MIENNE, IL FAUT
LA RÉVEILLER POUR LUI FAIRE AVALER
UNE DEMI-GOUTTE !

DIS DONC, TU CROIS QU'ON VA ÊTRE DES MÈRES
STRESSÉES ? MOI, ÇA M'ANGOISSE RIEN
QUE D'Y PENSER !

NE PARLE PAS SI FORT,
TU VAS RÉVEILLER CHLOÉ !

PFFF, TU VOIS, ÇA COMMENCE !

Et après

Le séjour à la maternité

Vous êtes plutôt... ?

La cool *À son rythme*

On parle d'allaitement « à la demande », voilà qui vous convient très bien. Vous êtes très disponible et prête à sacrifier vos heures de sommeil pour répondre aux besoins de bébé... parfait !

En revanche, c'est un peu moins cool de bâiller toute la journée et d'avoir l'impression de n'être qu'une paire de seins !

Sachez cependant qu'au bout de quelques jours, les horaires un peu anarchiques du début vont se réguler : bébé va se « caler » et adopter une cadence régulière qui vous permettra de vous organiser.

La sereine *Je te connais comme si je t'avais fait !*

Vous êtes tout entière tournée vers l'écoute de votre bébé... et vous avez l'impression de savoir exactement ce dont il a besoin. Du coup, vous faites confiance à votre « instinct »... même si parfois, il reste muet !

La mère est en effet la personne qui connaît le mieux son enfant : elle est tellement à l'affût de ses signaux, de ses messages, qu'elle comprend ses besoins mieux que tout autre. Pourtant, il faut quelque temps avant que la communication passe 5 sur 5 entre les deux : en peu de jours, vous apprendrez à décoder les pleurs et à savoir ce que réclame bébé.

La paniquée *Moi aussi je vais pleurer !*

Ah là là... ces cris déchirants vous tordent le ventre (c'est facile en plus, il est tellement flasque !). Vous avez tout vérifié : elle n'a ni faim, ni froid, ni chaud, ni sommeil... peut être a-t-elle mal ?

Au secours !!!

Les pleurs d'un bébé sont parfois difficiles à interpréter, d'autant que souvent ils n'ont pas de cause réelle, il s'agit juste d'un trop-plein d'émotions ou d'énervement... ne paniquez pas, bientôt, vous saurez repérer ces indices et vous garderez votre calme, pour le bien de tout le monde.

Vous

Après le grand événement que vous venez de vivre (le fameux « plus-beau-jour-de-ma-vie » que l'on évoque plus tard), après l'immense chamboulement physique et psychique que vous venez de traverser... vous avez besoin de souffler, de prendre vos marques et, surtout, de découvrir ce petit être qui ne fait plus partie de vous, ce petit étranger dont vous ne savez rien mais que vous connaissez pourtant si bien : votre bébé.

Entre votre ancienne et votre nouvelle vie, le séjour à la maternité va représenter une période de transition, une sorte de « bulle » isolée dans l'espace-temps, un moment privilégié, dont il vous faudra profiter pour vous reposer, vous « remettre » et apprendre à vous occuper de Petitbout.

Votre corps

Vous vivez des instants de grâce, vous nagez dans le bonheur et l'émerveillement... mais vous ne pouvez pas non plus faire comme si tout était normal ! L'accouchement est passé, mais il va falloir quelque temps avant que votre corps ne s'en remette (et surtout, ne reprenne sa taille d'origine !).

Ce qui va vous arriver

(Ce n'est pas le plus drôle, on vous l'accorde. Mieux vaut être prévenue.)

Les tranchées :

Ce sont les contractions de l'utérus qui reprend sa forme initiale. Elles peuvent être douloureuses, mais sont vite soulagées par un antalgique. Attention ! En cas d'allaitement, des douleurs, des tiraillements plus importants peuvent survenir au moment des tétées.

Les lochies :

Il s'agit des pertes de sang faisant suite à l'accouchement. L'utérus se débarrasse de tous les tissus qui faisaient le contact avec le placenta. Plus ou moins abondantes (vous utiliserez des protections « Maxi nuit » et des culottes jetables les premiers jours), elles peuvent durer de 15 jours à 1 mois.

Le retour des règles (appelé « retour de couches ») survient environ au bout de 6 semaines (délai plus ou moins long, notamment en fonction de la durée de l'allaitement s'il a lieu). Il marque la reprise du rythme normal des cycles (et donc de l'ovulation ! Pensez d'ores et déjà à la reprise de la contraception).

La cicatrisation de l'épisiotomie :

Elle fait partie des « souvenirs de guerre » que les femmes aiment à se raconter une fois que la douleur est oubliée ! Pour certaines, l'épisiotomie passe quasi inaperçue (« j'ai eu juste un point, pour faire joli ! »), pour d'autres elle gâche les semaines (les mois ?) qui suivent l'arrivée de bébé.

Comment améliorer les choses ?

- Pour favoriser la cicatrisation, il faut maintenir la zone propre et sèche. Les premiers jours, la sage-femme ou l'infirmière viendront faire votre toilette et termineront par l'application d'éosine.
- Rincez et séchez correctement la cicatrice après chaque pause pipi.
- On parle souvent de l'emploi du sèche-cheveux pour enlever l'humidité : c'est possible si vous l'utilisez avec une température et un souffle modérés (n'allez pas vous brûler en plus !).
- Quand vos saignements seront terminés, pensez à porter des slips en coton (plus sain que le synthétique).
- Certaines font une véritable « fixette » en ayant peur que les fils ne craquent, notamment au moment d'aller à la selle. N'ayez crainte, tout est cousu solidement ! D'ailleurs, même si la zone est douloureuse, ne concentrez pas toutes vos pensées là-dessus : c'est le meilleur moyen de faire un blocage qui pourrait ensuite entraver la reprise de votre vie sexuelle.
- Les fils résorbables disparaissent en 1 à 3 semaines, les fils non résorbables vous seront retirés au bout de quelques jours (c'est tout à fait indolore).

Au niveau psychologique, essayez de vous convaincre que, malgré les désagréments de cette cicatrice, ce geste chirurgical est préférable à une déchirure... et surtout, n'hésitez pas à parler au personnel soignant si vous vivez mal l'expérience, si vous avez des craintes ou des angoisses. Ils vous rassureront sûrement.

Les hémorroïdes :

Elles font également partie des réjouissances post-naissance (et encore plus pour celles qui en ont souffert pendant la grossesse). La constipation, la pression de l'utérus, les poussées de l'accouchement… tout concourt à développer ces « varices » très douloureuses. Des crèmes anti-hémorroïdaires vous soulageront, des traitements contre la constipation (laxatifs, gelées de paraffine, suppléments de fibres dans l'alimentation) vous aideront à passer ce cap difficile.

Le ventre flasque :

Il faut du temps pour que la peau se rétracte, d'autant plus si vous avez pris trop de poids… Mais un peu d'indulgence, que diable ! Surtout, ne vous mettez pas à faire des abdos dès le lendemain de votre accouchement ! Laissez du temps à votre corps… En revanche, usez et abusez de crèmes et autres huiles anti-relâchement (si vous avez été consciencieuse, vous avez dû commencer il y a quelques mois…) : les massages conjugués aux principes actifs des crèmes seront sûrement une aide pour votre peau.

Les fuites urinaires :

Le périnée a été mis à rude épreuve… il va lui falloir quelque temps pour récupérer. Pas d'inquiétude, là encore (même s'il est très déplaisant de mouiller sa culotte dès que l'on éternue ou que l'on rigole trop fort) : bientôt (quelques semaines après la naissance), un kinésithérapeute vous aidera à rééduquer votre périnée et vos muscles. Un des principes de base de la rééducation est le « stop pipi » : dès que le gynéco vous donnera le feu vert, profitez de chaque passage aux toilettes pour vous entraîner.

Les suites de la césarienne :

Celles qui l'ont vécue témoignent : on ne souffre pas pendant l'accouchement... mais on déguste après ! Alors que celles qui ont accouché par voie basse peuvent se lever le soir-même, se doucher dès le lendemain, les césarisées sont pliées en deux (en équerre, loin de l'image de la maman épanouie...), ont du mal à allaiter (l'utérus tire et les cicatrices internes font mal) et doivent attendre au moins 3 jours pour se laver en entier...

Pourtant, pour éviter les problèmes circulatoires, il faudra bien finir par bouger, s'asseoir (ne serait-ce que pour prendre son bébé dans ses bras), mettre le pied par terre (le premier lever est un moment difficile : ne vous aventurez pas toute seule ! Aidée d'une infirmière, concentrez-vous sur votre respiration, utilisez vos bras pour changer de position et essayez de vous redresser).

Soyons honnêtes, il faut une quinzaine de jours pour retrouver la position verticale sans souffrir... malgré les douleurs, efforcez-vous de bouger un minimum, notamment pour activer le transit intestinal.

La cicatrice de la césarienne disparaît en quelques mois (les techniques actuelles permettent de la situer à la limite des poils pubiens : elle se fond ainsi dans le paysage).

Émotions

Puisqu'on se dit tout, soyons honnêtes. Le baby-blues touche quasiment toutes les femmes, même si son intensité varie du simple « coup de pompe » à la grosse dépression. Vous voyez les soufflés que l'on fait cuire au four ? Eh bien, la grossesse, l'accouchement et les jours qui suivent peuvent ressembler à cette image. Comme pendant la cuisson, vous vivez 9 mois à gonfler, à donner le meilleur de vous-même pour favoriser le bon développement de votre petite graine, toutes vos pensées, tout votre être sont dans l'attente de l'événement, de l'éclosion. Et puis vient l'accouchement, la sortie du four, le moment où l'on admire ce miracle de finesse et de légèreté que vous venez de réaliser… et puis tout s'écroule, l'enthousiasme se dégonfle, la bulle se crève. On se désespère que la joie soit de si courte durée… Mais finalement, après la déception de la « chute » du soufflé, on savoure les délices du plat et l'on se dit que cela valait la peine d'être goûté !

Donc, si la « dépression post-partum » paraît inévitable, mieux vaut ne pas la craindre, ne pas s'affoler et faire ce qu'il faut pour la reconnaître et la combattre.

Vous êtes :

- crevée (l'effort de l'accouchement, le manque de sommeil…)
- vidée (aux sens propre et figuré… vous n'avez plus l'aura qui entoure et qui sacralise la femme enceinte)
- toute retournée (l'émotion de la découverte, la fierté, l'émerveillement…)
- angoissée (est-ce que je vais y arriver ? pourquoi est-ce qu'il crie ?…)
- hypersensible (vous éclatez en sanglots pour un rien, vous vous sentez moche, incapable…)

Vous quittez un rôle pour en prendre un autre. Et la transition se fait dans les larmes. Tout cela est NORMAL ! Arrêtez de culpabiliser. Vous n'êtes pas une mauvaise mère parce que votre bébé a des coliques ou qu'il ne boit pas assez. Vous n'êtes pas nulle parce que vous pleurez en même temps que lui. Au contraire, cette sensibilité à fleur de peau est nécessaire : en étant à l'écoute de votre bébé, en vous fiant totalement à vos sens (vous le touchez, le respirez, le « bisouillez »...), vous vous rendez disponible pour lui, vous êtes entièrement dévouée à ses besoins.

Et c'est là que vous « adoptez » ce nouvel être, que vous tissez les premiers liens, que vous entamez votre rôle de maman... (vous le reniflerez sûrement un peu moins quand il aura 14 ans et des baskets puantes, mais le contact que vous aurez établi dès la maternité ne se rompra certainement jamais).

Tout votre entourage est là pour vous soutenir, en vous rassurant, en vous aidant (notamment pour vous soulager dans les taches ménagères et en vous permettant d'être à 100 % vouée aux soins du bébé) et en vous plaçant dans votre rôle de mère.

Peu à peu, vous allez trouver votre rythme de croisière, vos repères... et vous adorerez votre nouvelle vie.

À noter :

Si, malgré l'aide de votre entourage, vous sentez que vous perdez pied, que vous déprimez de plus en plus, que le bébé vous est étranger, que vous ne le comprenez pas, ne l'aimez pas..., ne vous recroquevillez pas sur vous-même, ne vous renfermez pas. Au contraire, rangez vos sentiments de honte et de dépit, parlez-en à votre médecin. Il vous prendra au sérieux et vous aidera à traverser cette période difficile.

Votre emploi du temps

Pendant ces quelques jours passés à la maternité, vous allez vivre au diapason de bébé. Maintenant, c'est lui qui décidera de vos heures de sommeil...

Les journées

Elles sont rythmées par les tétées et les dodos, les soins et les visites. Vous n'aurez pas besoin qu'on vous le dise, mais profitez de chaque moment de calme pour vous reposer et dormir (même si vous êtes tentée de passer votre temps à regarder votre petit ange assoupi et à l'écouter respirer...).

Les nuits sont souvent en pointillés... car pour JoliTrésor, il n'y a pas encore de différence entre le jour et la nuit : tétée, change, dodo, tétée, change, dodo... Difficile pour vous de trouver le sommeil. Si vous n'en pouvez plus, demandez à ce que les auxiliaires de puériculture gardent le bébé dans la pouponnière : vous pourrez récupérer pendant quelques heures.

Faites-vous plaisir :

- Lisez quelques magazines : vous n'aurez pas assez de courage pour vous plonger dans un roman... Cherchez des infos people sur les stars qui ont accouché en même temps que vous, vous aurez enfin un point commun avec elles !
- Mangez quelque chose de bon : les repas des hôpitaux sont sains et équilibrés..., mais pas vraiment goûteux ! Faites-vous apporter votre gâteau préféré, une friandise... accordez-vous un petit « remonte-moral » : vous vous mettrez au régime en rentrant, promis ! Regardez les feuilletons d'après-midi à la télé : pour une fois, vous n'aurez pas besoin de le faire en cachette (et surtout, les semaines suivantes, il faudra sûrement préparer un bibi juste au moment où Jenny va annoncer à Michaël qu'elle a un amant !).

Le bébé

Si vous n'avez pas vécu dans une famille nombreuse, avec une foultitude de frères, sœurs, cousins, si vous n'avez pas d'amies multipares, il se peut que votre bébé soit un des premiers que vous teniez dans vos bras... et on aura beau dire que « quand c'est le sien, on sait comment s'y prendre », au début, vous tenez Bibounette comme si elle était en cristal (c'est à peine si vous osez respirer quand vous la sortez de son couffin). Profitez donc de ces quelques jours à la maternité, entourée de professionnelles, pour apprendre les gestes essentiels avant de retourner chez vous avec votre ver de terre sous le bras (et sans le mode d'emploi).

Les soins

Dès que possible, vous vous occuperez vous-même de bébé, assistée dans vos premiers gestes par l'aide-soignante.

Bain, soins du cordon, change, astuces pour l'habillage... autant de techniques qu'il faut d'abord observer pour les répéter ensuite.

La toilette est notamment l'opération qui effraie le plus les toutes jeunes mamans : comment tenir cette petite chose remuante sans la faire couler ? Comment être sûre qu'il n'a pas froid ? Pourquoi n'a-t-on pas un bras supplémentaire pendant quelque temps (quand il faut tenir à la fois la tête du bébé, le savonner et attraper la serviette ???). Vous repérerez très vite que le maître mot est ANTICIPATION : il faut tout prévoir pour avoir le nécessaire à portée de main (on ne lâche pas bébé pour aller chercher le body que l'on a oublié dans la chambre, on a tout le petit matériel nécessaire regroupé au même endroit, on ne répond pas au téléphone, etc.).

L'idéal est que le papa apprenne les gestes en même temps que vous.

L'allaitement, les biberons

Pour avoir plus d'informations sur ce thème, reportez-vous au chapitre 2 du livre *Maman débutante* (du même auteur).

Vous avez opté pour le biberon :

Vous n'avez pas fini d'en préparer des bibis... jusqu'à 4, 5 voire 6 ans, le biberon sera l'accessoire que votre bébé ne quittera plus. Si jamais vous deviez faire le compte des litres de lait qu'il va absorber pendant ses premières années... vous mettriez une vache sur votre balcon !

Comment améliorer les choses ?

- Pour les premiers mois (surtout pendant la période où vous allez stériliser), les bibs en verre sont préférables : ensuite, ceux en plastique seront plus légers et plus faciles à manipuler pour Petitbout.
- Suivez les conseils du pédiatre en ce qui concerne le lait à utiliser : ne décidez pas de changer vous-même le régime de votre enfant, son appareil digestif est encore immature et il ne faut pas le brusquer.
- Ne décidez pas d'augmenter vous-même les doses de lait : si vous constatez que bébé a encore faim après une tétée, parlez-en au pédiatre.
- On stérilise les biberons pour éliminer les germes contenus dans le lait (et non parce que le bib serait « sale ») : l'exercice est contraignant mais utile pour protéger votre nourrisson.
- Le lait reconstitué doit être consommé dans l'heure : il contient des germes et des bactéries qui se développent rapidement.

Vous avez opté pour l'allaitement :

Mode d'alimentation le plus naturel qui soit... la mise en place de l'allaitement ne va pas forcément de soi. Quelques astuces pour faciliter le rodage de votre « usine à lait » :

- Pendant votre séjour à la maternité, vous n'allez pas allaiter tout de suite: il faut attendre au moins 48 heures avant la fameuse « montée de lait » qui marquera le début des opérations.
- Malgré l'absence de lait, la mise au sein régulière est nécessaire, pour établir le contact mère/enfant, pour déclencher le mécanisme (les seins doivent être stimulés pour activer la production de prolactine, hormone qui déclenche la fabrication) et pour que le petit se nourrisse du colostrum, liquide jaunâtre qui s'écoule des seins, très concentré en anticorps et parfaitement adapté aux besoins du nourrisson.
- Profitez de la présence du personnel soignant pour bien vous informer sur la position à adopter pour l'allaitement (se caler confortablement, ne pas se contracter, etc.), la prise du sein par la bouche du bébé (tout le mamelon et pas seulement le bout), le rythme des tétées...
- À partir du 3e jour après l'accouchement, les seins vont se mettre en fonctionnement automatique (comme un moteur diesel, ils sont longs au démarrage mais ensuite, le rythme est régulier !), leur volume va considérablement augmenter (là, vous comprendrez l'utilité du soutien-gorge d'allaitement et de son côté harnais !), vous sentirez que la production commence véritablement (chaleur, tension des seins).
- Il faut une quinzaine de jours pour que le « lait mature » soit produit : jusque-là, le lait s'adapte aux besoins de l'enfant et à son système digestif tout neuf (d'abord assez clair, puis, de plus en plus riche).
- Veillez à avoir une alimentation équilibrée et suffisante, buvez beaucoup d'eau : vous aurez vraiment la sensation d'être « en production », du coup, il faudra alimenter la chaudière !

Utile : le cahier de notes

Peut-être est-ce le bouleversement hormonal, peut-être bébé vous a-t-il tellement pris de ressources qu'il ne vous reste que deux neurones... toujours est-il que vous êtes un peu perdue et que la mémoire vous joue des tours. Pas de panique, rien que de très normal dans une situation aussi nouvelle ! N'hésitez pas à prendre des notes pour toutes les informations que l'on vous donne et surtout pour vous rappeler des éléments très importants comme l'heure de la dernière tétée (quand elles s'enchaînent toutes les 3 heures, tous les horaires se mélangent dans l'esprit et l'on s'y perd complètement, surtout la nuit), les quantités bues, le sein que vous avez donné pour la dernière fois, etc.

Au bout de quelques jours, ou semaines, vous serez rôdée, mais au début, ce carnet sera d'une aide précieuse (et puis, vous le garderez pour plus tard avec les autres souvenirs attendrissants comme le bracelet d'identification, l'empreinte du pied, l'étiquette du berceau, etc., et dans quelques années, vous verserez votre larme en le retrouvant).

La jaunisse

Rares sont les bébés qui y échappent... avec plus ou moins d'intensité, « l'ictère du nourrisson » transformera sûrement votre joli poupon en coing trop mûr ! Pas de panique ! Ne culpabilisez pas parce que vous avez mangé du curry au dernier repas...

Les causes : les fonctions hépatiques sont le plus souvent insuffisantes chez les nourrissons. La bilirubine (pigment biliaire) n'est pas bien éliminée, elle s'accumule alors dans le sang et provoque une coloration jaunâtre de la peau. Le bébé est également un peu somnolent, du coup, il peine lors des tétées...

Les traitements: tout d'abord le pédiatre évalue le degré de l'ictère en plaçant une sorte de petite lampe sur le front du bébé.

Le foie commence à fonctionner correctement vers le quatrième jour qui suit la naissance: le plus souvent, la jaunisse disparaît d'elle-même. Si ce n'est pas le cas, le médecin prescrira de la photothérapie: on place l'enfant dans une sorte de « couveuse » où il est exposé à des rayons ultraviolets qui permettent de détruire la bilirubine (vous vous inquiétez déjà... Non, votre bébé ne va pas bronzer !). Parfois, si l'ictère est de faible intensité, il est juste recommandé de placer le berceau près d'une fenêtre.

Bienvenue parmi nous

Vous venez de vivre 9 mois d'une relation exclusive, d'une fusion totale avec votre enfant... mais maintenant qu'il a pointé le bout de son nez, Beaubébé est un être à part entière, bien distinct de vous, qui doit se faire sa place dans la société ! Et les mondanités, ça commence dès le berceau...

Déclarer et reconnaître l'enfant

Voilà une démarche administrative dont le symbole est fort: en déclarant la naissance de l'enfant, en le reconnaissant, vous l'inscrivez dans une filiation, vous lui donnez un statut, une place et une histoire familiale.

C'est également, pour le père (si les parents ne sont pas mariés), l'occasion d'accéder « officiellement » à son statut, d'être reconnu comme ayant des droits sur l'enfant. À noter: le délai officiel de la déclaration est de 3 jours après la naissance.

Marche à suivre

Si les parents sont mariés: le père et la mère sont automatiquement reconnus comme étant les parents de l'enfant. Il suffit de déclarer la naissance à la mairie (certains hôpitaux se chargent eux-mêmes de la déclaration). C'est maintenant que votre livret de famille vous est utile.

Si les parents vivent en union libre: lorsqu'ils ne sont pas mariés, la filiation naturelle à l'égard de l'enfant doit être établie par un acte de reconnaissance. Le père et la mère peuvent se rendre à la mairie avant la naissance: on appelle cette démarche « la déclaration sur le ventre ». Si les parents s'y rendent séparément, l'enfant portera le nom du parent qui l'aura reconnu en premier. Le père peut également se rendre à la mairie après la naissance et reconnaître seul l'enfant. Un enfant non reconnu par son père portera le nom de sa mère.

Quel nom lui donner?

Depuis le 1er janvier 2005, l'enfant porte: soit le nom du père, soit le nom de la mère, soit le double nom (ordre choisi par les parents) à condition que sa filiation soit établie par ses parents au plus tard le jour de sa naissance ou par la suite simultanément.

Un parent avec un double nom peut n'en transmettre qu'un seul.

Ce choix n'est possible que s'il s'agit du premier enfant du couple, et il s'imposera aux autres enfants à naître.

Le choix du nom de famille s'effectue par une déclaration conjointe de choix de nom, qui doit être faite par écrit (s'adresser au service d'État civil de la mairie).

En l'absence d'une déclaration mentionnant ce choix, les choses se font de manière automatique: le nom du père sera donné par défaut si le couple est marié, le nom du parent qui aura reconnu l'enfant en premier si les parents ne sont pas mariés.

Les visites

Oh là là... tout le monde est bien impatient de venir découvrir la bouille de la 8e merveille du monde ! Vous, de votre côté, vous n'êtes pas au mieux de votre forme et voir défiler toute la famille, les amis, les collègues... cela vous épuise.

Bien entendu, vous aurez prévenu tout le monde par téléphone, par SMS ou par mail : en général, c'est une mission que le papa est très fier d'accomplir.

Pour les visites, on comprendra très bien que vous êtes fatiguée et que vous préférez attendre un peu : si vous ne vous sentez pas le courage d'écouter Tata Janine vous donner ses bons conseils (elle a élevé sept garçons, du coup, elle vous fait bien sentir qu'elle vous sera in-dis-pen-sable !), vous pouvez lui demander d'attendre votre retour à la maison. Profitez-en, ensuite, vous aurez moins d'excuses pour ne pas lui ouvrir votre porte !

N'acceptez que la visite des personnes qui vous sont très proches : les grands-parents, vos frères et sœurs, vos meilleurs amis... le reste de la troupe devra attendre un peu (d'autant que maintenant, vous pouvez très bien envoyer une photo du bébé par mail pour satisfaire la curiosité de tout le monde !).

Demandez à ceux qui viennent vous voir de respecter les horaires de visite.

Abrégez les rencontres si vous vous sentez fatiguée ou si votre pudeur vous empêche d'allaiter en public.

Si vous n'avez vraiment envie de voir personne, faites-le savoir. On ne vous en tiendra pas rigueur.

Les photos

Tout le monde va dégainer son numérique pour immortaliser l'instant : Bébéjoli dans les bras de tonton Luc, Bébéjoli prenant son bibi avec Papy Gérard, etc.

Sachez que ces clichés orneront les albums familiaux et que vous risquez de les revoir pendant des années...

Donc, sans vouloir se la jouer « star à la maternité », faites un petit effort pour paraître à votre avantage sur les photos :

- Retirez votre peignoir « gros nounours », même s'il est très confortable et qu'il suffit de l'ouvrir pour dégainer son néné.
- OK, vous venez d'accoucher, vous n'avez pas dormi de la nuit, vous avez 2 de tension... mais ce n'est pas une raison pour ne pas faire un minimum d'effort pour présenter un visage agréable : un soupçon de poudre, un voile de mascara, une touche d'anti-cernes et de gloss, etc.

Il suffit de peu de choses pour s'arranger un peu et faire « jolie maman » sur les images.

- Les yeux de bébé sont fragiles : ne le mitraillez pas au flash dès les premiers jours. Même celui de Britney Spears n'a pas eu droit à ce traitement !

Les cadeaux

De nos jours, il est de plus en plus fréquent de déposer une liste de naissance dans un magasin spécialisé : cela évite aux personnes qui souhaitent vous faire un cadeau de se creuser la tête ou de vous offrir un 3e chauffe-biberon.

- Ne perdez pas votre savoir-vivre et remerciez les généreux donateurs dès que vous avez connaissance de leur présent.
- « Mais oui, Tata Jacqueline, j'adoooore cette grenouillère couleur vert pomme !!! » Ah, la bonne vieille tradition de la layette tricotée main ! Si l'art de manier les aiguilles revient en force ces temps-ci, faites plaisir à votre tante en enfilant au moins une fois son œuvre sur votre Joliepoupée : prenez un cliché, envoyez-le-lui... vous ferez au moins une heureuse ! (Vous pourrez toujours utiliser ensuite la grenouillère pour faire briller les chaussures cirées !)

- Si l'on vous demande ce qui vous ferait plaisir, n'hésitez pas à suggérer des vêtements taille 1 an... En général, tout le monde offre des modèles pour nourrisson. Or, vous serez ravie de posséder quelques pièces que vous utiliserez plus tard.
- Une girafe en peluche de 1,50 m ne fera pas plaisir à votre nouveau-né... remerciez quand même le gentil cousin qui a eu cette délicate attention (mais où vais-je bien pouvoir caser cette horreur ?).

Au bout de quelques jours passés à la maternité, vous éprouverez sûrement des sentiments mêlés... envie de rentrer chez vous, d'entamer votre vie de « petite maman » autonome, de retrouver le papa, crainte de ne pas vous en sortir... Ces doutes seront passagers, soyez-en sûre. Profitez bien de cette période magique avec votre bébé : un jour, vous l'habillerez en « 10 ans » et vous soupirerez... il a grandi si vite !

Quiz

Serez-vous des parents parfaits ?

Il est de nombreux « principes d'éducation » sur lesquels chacun a son avis, selon sa propre éducation, son expérience et ce qu'il souhaite faire pour ses enfants.

Certains principes sont carrément sujets à polémique ! Voyons un peu si vous avez des idées très arrêtées ou pas encore...

1. La tétine, vous en pensez quoi ?

A. Hors de question que mon fils/ma fille porte ce bouchon qui défigure !

B. Il/Elle choisira, s'il/elle en a besoin.

C. Dès le premier jour ! Si ça lui permet de dormir (tout comme moi...) !

2. Les petits pots ?

A. Dès qu'il aura faim.

B. Chez moi, ce sera purée bio et biscuits maison.

C. On improvisera selon la situation ! Petits pots en balade et cuisine *home made* à la maison.

3. Dormir avec son bébé ?

A. Plutôt contre. Mais, en cas de gros cauchemar, de fièvre ou autre... pourquoi pas ?

B. Jamais de la vie ! Il faut savoir préserver son intimité, et surtout ne pas créer d'habitude que l'on pourrait regretter plus tard.

C. Si ça l'aide à s'endormir...

4. Il mangera à heures régulières, fera de grosses siestes, pleurera seulement quand il aura faim...

A. Normal, quoi !

B. Ça existe ?

C. Il va falloir lui faire comprendre très rapidement que c'est comme ça et pas autrement !

5. Le dimanche...

A. ... on se promènera en forêt/sur la plage/au parc après un brunch familial.

B. ... on se fera les câlins que l'on n'a pas le temps de faire la semaine.

C. ... on fera la grass' mat. Enfin, on essaiera.

6. La télévision pendant les repas...

A. ... en principe non... Mais nous-mêmes, on dîne devant le JT, alors...

B. ... hors de question. Manger, c'est sérieux !

C. ... si un dessin animé permet de lui faire ouvrir la bouche... on s'abonne à Disney Channel !

7. Lire une histoire tous les soirs...

A. ... s'il n'y a pas plus de trois pages (voire deux et demie)...

B. ... sauf les soirs où l'on sort, où l'on est crevés, où l'on n'a pas le temps...

C. ... instaurer un rituel, c'est très important ! Et puis, s'initier à la lecture se fait dès le plus jeune âge !

8. Le laisser pleurer...

A. Un peu, pour ne pas céder tout de suite.

B. ... jamais ! Trop usant pour les nerfs !

C. ... un peu, après avoir vérifié que rien ne cloche (couche propre, bidou plein, doudou présent...)

Si vous avez une majorité de ☼

Les parents « on sait ce qu'on veut »

Des principes ? Vous en avez plein ! Peut-être que, en observant les enfants (terribles) de vos copines, vous vous êtes dit : « Je ne ferai jamais les mêmes erreurs » ou « Comment ont-ils pu en arriver là ? Élever un enfant, ce n'est pas si compliqué ! », et, du coup, vous avez des idées très arrêtées concernant l'éducation de votre héritier. Il va sans dire que l'on a toujours le rêve d'un bébé parfait... Mais il n'est pas facile d'adapter cet idéal à la réalité ! Tout d'abord parce que votre enfant sera une personne à part entière, et pas seulement un être à modeler : il aura son avis à donner, lui aussi ! L'éducation, c'est une direction à suivre... mais il peut y avoir quelques chemins détournés !

Si vous avez une majorité de ☁

Les parents « on fait au mieux ! »

Vous vous trouvez face à l'inconnu et ne savez pas vraiment comment vous allez faire... Vous aimeriez lui enseigner des valeurs simples mais fondamentales, sans pour autant être rigide... et, surtout, en vous adaptant à la personnalité de votre bébé. Et ça, vous le découvrirez au fur et à mesure ! Vous êtes ouverts, prêts à accueillir ce tout-petit et à lui faire une place de choix au sein de la famille... même si vous savez que cela ne sera pas toujours facile de trouver le juste milieu entre l'enfant-roi et l'enfant-tyran ! De toute façon, vous savez bien que, le plus important dans tout ça, c'est l'amour que vous lui porterez... et celui qu'il vous rendra !

Si vous avez une majorité de ⚡

Les parents « on fait ce qui nous plaît ! »

Prévoir son éducation ? Comment voulez-vous ? Vous vivez au jour le jour, en vous adaptant aux situations... et, surtout, même si vous êtes prévenus que l'arrivée d'un enfant est une révolution... vous n'avez pas trop envie de changer complètement votre vie ! Votre principe : à parents heureux, enfants heureux ! Tout en étant attentifs à ses priorités, vous n'avez pas l'intention d'oublier les vôtres... et vous avez raison. Mais peut-être que, une fois que l'enfant chéri sera là, vous verrez que, naturellement, votre centre d'intérêt va se déplacer. Sans que vous le vouliez. Et vous aimerez ça !

Petit mémento pour ne rien oublier du tout

<table>
<tr><th></th><th>Examens médicaux</th><th>Ce qu'il ne faut pas oublier</th></tr>
<tr><td>Ier et 2e mois (si vous êtes au courant!)</td><td rowspan="2">> 1re consultation prénatale obligatoire.
> La première visite médicale doit avoir lieu au premier trimestre (avant la 15e SA)* voir page 16.
> S'il ne s'agit pas de votre médecin habituel, il établira un dossier complet sur vous (antécédents médicaux, familiaux, etc.) ainsi qu'un bilan général de votre santé. Il effectuera également un frottis si nécessaire.
> Labo :
Analyses de sang : Double détermination du groupe sanguin, numération (formule sanguine et plaquettes), sérologie toxoplasmose et rubéole, HIV, syphilis et hépatite C.
Analyses d'urines (albuminurie et glycosurie).
> Si vous avez plus de 35 ans, possibilité d'effectuer une biopsie du trophoblaste entre les 9e et 13e SA.
> 1re échographie à effectuer entre les 11e et 13e SA.
> Si vous avez plus de 38 ans, possibilité de réaliser une amniocentèse à partir de la 13e SA.
> Pensez à prendre rendez-vous chez votre dentiste !</td><td>> Si vous habitez dans une grande ville, inscrivez-vous tout de suite auprès de la maternité.
> Mode de garde : à Paris et en région parisienne, renseignez-vous très vite pour l'obtention d'une place en crèche.
> Dans les grandes villes, renseignez-vous auprès des maternités pour savoir quand s'inscrire.
> Renvoyez votre déclaration de grossesse à la Sécurité sociale et à la Caisse d'allocations familiales.
> Si vous n'êtes pas mariée, le futur papa peut effectuer une reconnaissance anticipée de son enfant auprès des services de l'état civil.</td></tr>
<tr><td>3e mois</td><td>> Prévenez votre employeur.
> Après la 1re consultation obligatoire, renvoyez le 1er feuillet du carnet de maternité à la Sécurité sociale et son duplicata à la CAF.</td></tr>
<tr><td>4e mois</td><td>> 2e consultation prénatale obligatoire.
> Analyses de sang :
– Toxoplasmose pour les mamans non immunisées.
– Agglutinines irrégulières pour les mamans de rhésus négatif.
Si vous êtes concernée, l'examen sera à renouveler tous les mois.
> Analyse d'urine (albuminurie et glycosurie).
> Tri-test : dépistage sérique de la trisomie 21. Il n'est pas obligatoire mais vous sera proposé systématiquement.</td><td>> 2e feuillet du carnet de maternité à renvoyer à la Sécurité sociale et duplicata à la CAF.</td></tr>
</table>

	Examens médicaux	Ce qu'il ne faut pas oublier
5e mois	> 3e consultation prénatale obligatoire. > 2e échographie, dite « morphologique ». Vous pouvez connaître le sexe de l'enfant ! > Analyses de sang. > Analyse d'urine (albuminurie et glycosurie).	> 3e feuillet du carnet de maternité à renvoyer à la Sécurité sociale et duplicata à la CAF. > Renseignez-vous sur les séances de préparation à l'accouchement : inscrivez-vous, il faut souvent s'y prendre à l'avance.
6e mois	> 4e consultation prénatale obligatoire. > Analyse de sang mensuelle à laquelle s'ajoute la sérologie de l'hépatite B. > Analyse d'urine (albuminurie et glycosurie).	> 4e feuillet du carnet de maternité à renvoyer à la Sécurité sociale et duplicata à la CAF. > Avez-vous trouvé un mode de garde pour votre enfant ? C'est le moment de vous en préoccuper.
7e mois	> 5e consultation prénatale obligatoire. > Analyses de sang. > Analyse d'urine (albuminurie et glycosurie).	> 5e feuillet du carnet de maternité à renvoyer à la Sécurité sociale et duplicata à la CAF. > Et si on commençait à remplir la valise de la maternité et à décorer la chambre de bébé ?
8e mois	> 6e consultation prénatale obligatoire. > 3e échographie. > Analyses de sang. > Analyse d'urine (albuminurie et glycosurie).	> 6e feuillet du carnet de maternité à renvoyer à la Sécurité sociale et duplicata à la CAF. > Envoyez votre attestation d'arrêt de travail à la Sécurité sociale.
9e mois	> 7e consultation prénatale obligatoire. > Analyses de sang. > Analyse d'urine (albuminurie et glycosurie). > Consultation obligatoire avec un anesthésiste (même si vous ne souhaitez pas de péridurale, il faut envisager un éventuel accouchement en urgence par césarienne). > Radiographie du bassin (si le médecin veut vérifier que l'accouchement par voie basse est possible). > En cas de dépassement du terme, amnioscopie (prélèvement du liquide amniotique pour détecter la souffrance fœtale).	> 7e feuillet du carnet de maternité à renvoyer à la Sécurité sociale et duplicata à la CAF.

Index